JIYU XUESHENG
CHENGZHANG XUQIU DE
XIAOBEN KECHENG KAIFA JI YINGYONG

基于学生成长需求的校本课程开发及应用

主　编　祝健群

执行主编　韩　钦

湖南大学出版社·长沙

内 容 简 介

　　本书是湖南省基础教育课程改革样板校研究成果。本书围绕校本课程的开发及应用主题，从校本课程的国内外发展概况、校本课程开发的现状分析以及学生成长需求分析出发，详细阐述了基于学生成长需求的校本课程开发及应用的理论基础和实践案例。本书在对校本课程开发的理论研究基础之上，围绕砂子塘小学"学科文化大讲堂"的应用案例，介绍了砂子塘小学在校本课程开发的建设目标、建设内容以及制度保障，并选取语文、数学、英语、道德与法治、音乐、体育、美术、科学、信息技术等9个学科的案例加以总结，用以分享和展现砂子塘小学校本课程开发及应用的实践成果。

　　本书可为从事校本课程开发及应用的教育管理者、一线教师以及致力于课程改革的教育研究者提供借鉴和参考。

图书在版编目（CIP）数据

　　基于学生成长需求的校本课程开发及应用/祝健群主编．—长沙：湖南大学出版社，2020.12
　　ISBN 978-7-5667-2050-4

　　Ⅰ.①基…　Ⅱ.①祝…　Ⅲ.①课堂教学—教案（教育）—小学　Ⅳ.①G622.421

　　中国版本图书馆 CIP 数据核字（2020）第 211166 号

基于学生成长需求的校本课程开发及应用
JIYU XUESHENG CHENGZHANG XUQIU DE XIAOBEN KECHENG KAIFA JI YINGYONG

主　　编：祝健群		执行主编：韩　钦		
策划编辑：卢　宇		责任编辑：廖　鹏		

印　　装：长沙市宏发印刷有限公司
开　　本：710 mm×1000 mm　1/16　印张：14.75　字数：230 千
版　　次：2020 年 12 月第 1 版　印次：2020 年 12 月第 1 次印刷
书　　号：ISBN 978-7-5667-2050-4
定　　价：78.00 元

出 版 人：李文邦
出版发行：湖南大学出版社
社　　址：湖南·长沙·岳麓山　　　　邮　编：410082
电　　话：0731-88822559（营销部），88821315（编辑室），88821006（出版部）
传　　真：0731-88822264（总编室）
网　　址：http://www.hnupress.com
电子邮箱：lplmyxty@163.com

基于学生成长需求的校本课程
开发及应用

编委会

主　　编：祝健群

执 行 主 编：韩　钦

副 主 编：王艳萍　江　窈

编委会委员：毛忠民　肖朝辉　廖加英

　　　　　　陈俊水　徐幸操　孙　瑛

　　　　　　叶　婷　张　添　易雁斌

　　　　　　刘小梅　汤雅棋　李东亚

　　　　　　黄未知　罗　丽

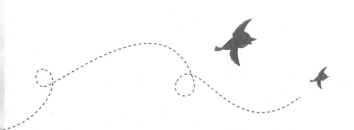

序

新中国教育发展史上，教学曾长期遮蔽着课程。几十年间，以教学大纲取代课程标准算是一个明证。直至 21 世纪到来，课程才以国家教育变革的名义重回人们的视野。

一

与其说这是一个学术概念的复苏，莫如说是一次教育观念的启蒙。无数在课堂埋头耕作的人们抬起头来，忽而发现"怎么教"与"教什么"原来是一条河的"下游"与"上游"，居于教学上位概念的其实是"课程"。课程所关注的重心是"教什么"的问题，它集中表达着社会的人才取向、教育的文化选择和学生的成长需求。因此，无视课程的教学讨论，很可能陷入技术主义泥坑。

随着课程研究的深入，人们越来越深刻地意识到：课程并不是一条凝固而规范的"跑道"，而是充满流变与体验的"跑"；课程不能止于统一的、公共的预设，而应该像生命一样蕴含着无限的个性和可能，它是一个充满"弹性"的空间。

课程一头连着文化，一头连着人。课程是对文化的选择，也是对人的成全；课程是文化的创生，也是人格的培育。因此，人与文化、人与课程之间都存在着你中有我、我中有你的精神同构关系。可以说，文化视界决定课程选择，课程选择成就核心素养，核心素养又孕育文化视界。如此人、文化与课程的循环往复之中，课程最能反映教育者的眼光和境界。

我们知道，始于清末的中国教育的现代转程，是以新学冲击旧学、西学改造中学为历史背景的，而最为强大的力量显然来自西方课程的大量引入，以及随之而来的现代课程体系的建立。对于以"四书五经"为经典课程的传统教育来说，现代西方课程的引入无异于一个全新世界的敞开。在某种程度上，传统教育的封闭与僵化，其突出的表现就是课程结构的封闭与僵化。

今天，我们回望中国 20 世纪 20—30 年代的那些文化名人，如梁启超、胡适、鲁迅、陈独秀、蔡元培、毛泽东等，设想他们的少年或青春世界里若不曾有过新学的火光，若不曾有过异于儒家典籍的现代新思想，他们会长成日后的样子吗？大可存疑。因此，我认为，一代人的"精神面相"，就是他们的"课程面相"。

二

国家课程、地方课程与校本课程，既是国家课程体系的宏观构架，又是课程开发的主体和层级。相对而言，国家课程强调公共性、基础性和普适性，地方课程则强调区域性、选择性和互补性，校本课程旨在突出学校教师在课程建设中的主体性，以课程的丰富性、适切性与个性化成就生命的可能性与多样性，让每个人从中看见更远的地方，遇见更好的自己。

课程建设中突出"以校为本"，对于促进教师由"课堂关注"走向"课程关注"具有极为重要的意义。所谓"课程关注"，其言下之意就是，任何教师都不应当只是一个课程或教材的执行者，而应当是一个课程或教材的创造者。因此，校本课程开发之于教师成长的意义，恰如一条江的上下游贯通。它是对教师主体性全方位、多层次的唤起，也是教师不为教材与课堂所拘囿，实现教材、课堂与生命"三重超越"的路径与方式。

然而，环看当下，校本课程的开发却是"乱花渐欲迷人眼"。或谋品类之盛，或求数量之繁，每一所学校似乎都在呼唤系列"特色课程"的横空出世。因此，校本课程建设虽然呈现一派"蜂飞蝶舞"的景象，可是，人们并未从这种热闹中看到真实的学生需求，有的只是教师的成人视角和自我狂欢。显然，这样的校本课程不可能含蕴出生命的气象。因为，我们在这里根本就看不到课程与课堂的双向互动。

三

长沙市雨花区砂子塘小学作为湖南省基础教育课程改革样板校，十多年前就开始推出"学科文化大讲堂"，日积月累，逐渐探索出了一条行之有效的校本课程开发和建设的有效路径，而今，其多年实践成果终于凝为这一本《基于学生成长需求的校本课程开发及应用》。应当说，这是一个值得人们敬重的探索成果。这里凝聚着学校群体"日拱一卒""得寸进寸"的精神。他们不断打磨案例，沉淀精华，生成层次，构建体系，其以"大讲堂"为标识的校本课程建设可以说为湖南乃至中国基础教育提供了一个优秀样本。

回看砂子塘小学校本课程的建设过程，我们既看不到"大而全"的体系诉求，也看不到凌虚蹈虚的"天马行空"。其课程建设的逻辑起点从来就不追求学术体系的谨严与完备，而是坚持将一粒"课程"的种子植入到"课堂"的大地。换言之，它是以改进课堂的方式来做校本课程的，甚至，它宁可提"大讲堂"，也不提"大课程"。

你可以说这是一种务实精神，但回过头看，它更是一种实践智慧，一种行动哲学。

无论是课堂改进，还是课程建设，"培养全面而完整的人"永远是共通的价值旨归。然而，人的全面性与完整性的培养又怎么可能托付给单一的教材或单薄的课堂？因此，砂子塘小学"学科文化大讲堂"的价值自始至终都不是基于课程内容开发的"另起炉灶"，而是在课堂体系构建下的"课程开掘"。

广博大讲堂、本真常规课和实践大课堂共同支撑起课堂建设的"三级体系"，亦由此开启了校本课程体系的建构空间。

以课堂撬动课程，又以课程来成就课堂，这使得砂子塘小学的校本课程建设始终植根于"大地"，长出了一片枝繁叶茂的绿色葱茏。因此，"大讲堂"的意义，远远不只是发生在课内的知识迁移，而是以打开课程的方式打开生命的格局。

"要看银山拍天浪，开窗放入大江来"。多年来，"大讲堂"所追求的正是这样的"开窗效果"，它让我们看到了知识版图的延伸与拓展，更看到了文化种子的播撒；看到了案例在文学、科学、数学、艺术、文化诸领域的各美其美，更看到了因为课堂"留白"与召唤而引发出的孩子的好奇探问和心灵回应。

四

"学科文化大讲堂"的开发，意味着课程内容的选择与重构，也意味着教学方式的探索和创新。从校本课程开发的实践来看，人们似乎期待某一种课程体系的横空出世，并赋予它一个品牌化的名字。在这方面，砂子塘小学完全抛弃了"蓝图预设"的路子，它将大讲堂的课程建设转化为具体而鲜活的案例进行研讨，并让每个"案例"像脚印一样丈量着其前行的步伐。

若不身临其境地进入"大讲堂"，或许很难真正看到这种课堂的光芒与课程的力量。

我曾听过《奇妙的象形字》，课堂上，33个象形字像精灵一样被置入一个个生动的故事情境，故事编织与文字学习如同一段妙趣横生的"旅程"；我也曾听过《小谈楹联》，整堂课弥漫着生活语文的灵动、文化语文的厚重，而教师分明又是那幽默而深情的传统文化点灯人；我还听过数学教师给学生讲《斐波那契数列》，她从大兔生小兔说起，整个课堂不断被学生的惊奇和赞叹推向高潮；我甚至听过体育教师给学生讲《铁环滚滚》，让两个时代的童年在运动中愉快地叠现……

大讲堂以"案例"的方式生长着，校本课程的"体系"也在不断完善。梳理这种体系，它们大致指向五个维度。其一是文化寻根。如《古文字趣谈》《小谈楹联》《岳麓书院与"朱张"》《轻叩〈诗经〉的门扉》，品味唐诗宋词的音乐美，植物里的中国文化，明月照我心中的"月亮文化"，长沙本土文化……其二是智慧开发。如《黄金分割》《趣谈幻方》《汽车中的数学》《哈利·波特和魔法学校》《妙评孙悟空》……其三是人物聚焦。如《走近孔子》《走近苏轼》《走近鲁迅》《剑胆诗魂辛弃疾》《李白》《马背诗人毛泽东》等。其四是艺术情趣。如《神奇的莫比乌斯带》《趣谈十二生肖》《走近踢踏舞》《戏说陶瓷》《屋脊上的神兽》《中国传统吉祥画欣赏》《中国民族乐器》《中国民族民间舞蹈》《京剧脸谱》《中华武术》《戏说邮票》《三十六计导读》……其五是科学探索。如《地震、报警和逃生》《食品安全，健康的守护神》《仓鼠喂养》《动物与数学》……

"学科文化大讲堂"的本质还是一种课型创造。常规课堂为40分钟，大讲堂却只是每次30分钟的"短课"。可见，大讲堂之"大"在于课程内容的大视野、大情怀、大智慧，而不是"大时长"。

可以想象，在这样的课程里，孩子的视界走向了"融合"；教师在课程建设中，发现了"自我"；课堂，也成为师生面朝大海、春暖花开的岁月见证。

五

大讲堂以课堂为起点，最终又以课堂为落点。

人们高兴地看到,课堂教学的组织方式总在尝试着超越与突破。就课堂形式而言,它可以是一个人主讲,也可以是两个人的"会讲",还可以是多人配合完成,甚至是师生同台共讲。如《寻找诸神的踪迹》就是一次成功的"会讲",两位老师,一位讲中国神话,另一位讲西方神话,孩子们在课堂上经历了一场特别的中西文化对话⋯⋯

一个案例的开发就是一次校本课程的创生,它以一节一节的方式"生长",而不以一门一门的方式"展示"。这种由种子而根须、由新芽而枝叶、由枝叶而花朵的渐进式的课程开发思路,使得砂子塘小学的校本课程建设成为播种现代课程观与学生观的学校日常。

应当说,由分学科的散点开发至共同体的研索,再到全校性的巡讲,构成了砂子塘小学"学科文化大讲堂"的良性互动的生态。校本课程、课堂教学、教育研究和学校管理也在这种校本课程的生态中形成了一股合力,唤起了每一个教师的自我实现感,也考验着他们的素养、底蕴与格局。课程的本质亦如生命的本质,它是自由,是打开,而不是束缚,不是奴役。它之于教师的意义,则是一个自我超越的平台,一个价值共同体的引领。校本课程的理想,就是让每个教师成为学科与课程的代言,让每个教师的成长永远沐浴着理想的光辉,充满着创造的力量。

黄耀红

于湖南长沙

2020 年 7 月 7 日

(作者系湖南师范大学文学院教授,教育学博士,专栏作家)

前 言
FOREWORD

2008 年 4 月 3 日，在砂子塘小学五楼多媒体教室，"学科文化大讲堂"终于揭开了神秘面纱。

讲台上，林巧老师一袭红衣。在《古文字趣谈》里，一个个简单的数字，演绎成一个个生动的故事；一块块古老的碑文，诉说着一段段臻美的传奇。在充满童趣的文字解析中，中国文字独特的内蕴渐渐润染、蔓延……

孩子们的目光被吸引了，老师们也激动起来：

"你们看，学生好喜欢。"

"学生的眼睛亮亮的。"

……

一、饮其流者怀其源

时隔 12 年，当时犹如发现"课程新大陆"般的激动与喜悦至今荡涤心间。最让我们心动的是学生在课堂上所呈现的生命状态。于是，大讲堂从最初的个别班级开讲，到年级相邀巡讲，再到纳入校本课程体系——"小白鸽"成长课程。回首 12 年的校本课程发展之路，蓦然发现，当我们还没有意识到"校本课程的开发及应用"在悄然诞生时，"学生的成长需求"已被我们放在最重要的位置上。"与孩子们一起成长"是砂子塘小学的办学理念，"学生的成长需求"是我校所有教育实践与研究的原点与初心，也是我们检验"校本课程的开发及应用"是否成功的核心标准。

大讲堂让全体孩子普惠受益，我们欣喜地发现：孩子们的学科文化有厚度了，学科视野更开阔了；知识不再是零散的星火，而是有生长的原野、有源头的河流。孩子们的学习不再拘泥于识记、背诵和模仿，而是能生发出一个个问题，进行一次次探究的过程。学习不仅仅局限于校内的 40 分钟，而是由一次次激活、点拨，延展到生活中、社会中，持续发生着。我们从学生成长中受到鼓舞，不断地钻研与实践，切实了解学生成长的需求——他们已有的知识能力、情感、态度，他们的兴趣爱好，他们的学习独特性，他们在哪些方面有发展空间等，这些都成了我们关注的重点。同时，学生的成长需求是不断变化的，这就要求大讲堂的开发及应用也要不断地更新与发展，以便能够充分调动学生学习积极性，符合学生年龄特点与成长需求。

老师们的教学方式也随之发生变化：从被动地使用教材，到主动地开发课程。我们开始聚焦教育教学中细微的现象，留心观察学生的生长点和兴趣点，创造性地融合课堂内外的知识，洞悉规律，主动探索。我们的热情越来越高，学科知识、专业技能、学科精神、哲学思维也随着"校本课程"这一平台不断提升，形成了共研共长的专业发展新气象。

作为我校的特色文化名片，校本课程使我校的发展在历史积淀的基础上更具生长力和生命力，成为师生幸福人生的福祉领地。学生课堂内外的学习、老师的教学与研究、学校的管理与发展因之有机融合，学校也因此获得了"湖南省基础教育课程改革样板校"的殊荣。

二、吾辈上下而求索

孩子的成长，究竟需要什么？我们不断地追问自己。

于是，我们聚焦课堂，以关注师生生命成长为出发点，大胆改革教学方式，尝试构建新的课堂文化，丰富课堂内涵，拓展课堂外延。

12 年来，每个学期，每个学会组，我们都会研发一个大讲堂的课例。通过选题、选材、设计、试讲、展示和修改后，大讲堂进入巡讲。目前，砂子塘小学已开发出 300 多节不同学科、不同主题的讲堂。

12 年来，凭借自身广博的学科文化素养和默契的团队合作能力，我们一边实践，一边总结，实践与理论相行相依。我校"校本课程的开发及应用"从一堂堂具体"课例"，发展成"校本课程"，从无到有，从点到面，从总体到分支，不断地归纳、概括，形成理论，又以理论不断指导下一阶段的实践，在螺旋式上升的过程中，"校本课程"初具形态。

12年来，我们欣喜因坚持而获得成果，也一直在思考如何避免只见树木不见森林的零敲碎打。大讲堂的主题除广泛、新颖、独特之外，是否应该遵循学生的成长需求，呈现主题化、序列化？作为省级课程改革样板校，我们在课程改革中所走的路、所经历的磨炼、所获得的方法能否提炼成可推广的成果？我们是否能够实现从"校本课程"到"校本课程体系"的飞跃？

以上问题是研究进行到一定阶段后，我们自然而然产生的思考。6年前，我们对300多节讲堂进行了整理，从中选取了100多节精品讲堂，编撰了大讲堂一至六年级校本教材6册，用于每个年级的教学，让大讲堂得以传承和完善。参与其中的老师们一次次修改自己的教学设计，对选材、图文、资源等进行了较为精准的审核。这样一套原生态的校本教材，曾多次在开放活动中让专家和同行们倍感惊艳："这样好的校本课程应该公开发行，让更多的学生受益。"这样的鼓励让我们铭记于心，也让我们憧憬着大讲堂读本更为专业的改版。

因为缺少课程理论的支撑，这6册校本教材之间依然是孤立的，它们之间的逻辑联系并不紧密，没有产生更大效能。我们向家长和社会开放大讲堂，邀请专家指导大讲堂，一次又一次地抛出我们的困惑：以我们一线团队之力，如何才能做好一本专业而理性的课程专著？

在这样的展示、问询、求教中，我们对"校本课程开发"的认识也逐渐从陌生到熟悉，从浅层到深层。在"校本课程实施"的过程中，我们也逐渐从随意到规范，从单一到丰富，从零散到系统。12年的实践与研究，处处"有痕"，我校的校本课程开发和应用之路清晰可见。

三、守得云开见月明

2019年秋，我有幸参加了北京师范大学全国小学优秀校长研究班学习，与来自全国各地的校长们坐而论道，向导师们请教课程建设的理论知识。我更加坚定课程研究的初衷：我们的校本课程要满足学生个性化的需求，使学生的视野更开阔，让其兴趣点得以延展，令其探究的领域得以拓宽，成就每个生命发展的丰富性与多样性。这个方向是正确的。

这极大地鼓舞了我们。只要坚定前行，再做一些努力，就可以让更多的孩子从课程中受益，让更多致力于校本课程的同人从中受到启发。因此，我们申请省、市级课题，以文化大讲堂的主题化发展为例，进行学校特色课程的深入建设策略研究，以课题研究带动问题解决。

越努力越幸运！2020年春，我非常幸运地遇到了富有教育情怀和专业功底的韩钦主编，她拿着我们一叠厚厚的教案集，十分笃定地说："你们已经具有非常好的基础，完全有实力出一本课程专著。"这样的信任令人振奋，我们把感恩与激情融入书籍编写中。

本书是新课程改革理念与实践的有机集合体。书中有我们对"校本课程"朴素的认识与思考，有对"学生成长需求"的分析与应用，有"校本课程开发及应用"的策略与步骤。我们旨在通过原则与方法的探讨，过程的还原，案例的呈现，抛砖引玉，为投身"校本课程开发及应用"的老师以及致力于课程改革的同人们带来借鉴与思考。我们把对教育炽热的情感与成就孩子们的心愿诉诸其中。我们的表达原始、真切而朴素，但因理论知识储备不够，表达上难免肤浅，实践上难以精当，错漏与不当之处还望读者批评指正，不吝赐教！

本书的编写得到了韩钦主编的悉心指导，包含了教育战线众多专家和领导的智慧，汇聚了砂子塘小学行政管理者与一线老师们的辛勤付出。特别感谢原校长孟毅先生的引领与推动。参与本书撰写的有韩钦、王艳萍、江窈、毛忠民、肖朝辉、廖加英、陈俊水、徐幸操、孙瑛、叶婷、张添、易雁斌、刘小梅、汤雅棋、李东亚、黄未知、罗丽、刘佳媛、杨松林、黄溶华、文梦笔、张磊、邓宝生、汤哲、谢宜珊、陈白曌、邹甜、刘文星、崔丽姿、何姣、谢宜、盛思婷、梁宁佩紫、周浪、金强、张汝其、罗笑、沈霄、宋军辉等领导专家和老师们，在此一并表示衷心感谢！

祝健群

于湖南长沙

2020 年 7 月 7 日

目 次
CONTENTS

理论编

案例编

理论编

LILUNBIAN

校本课程开发的
发展概述及现状分析

英国教育家斯宾塞在《什么知识最有价值?》一文中，最早提出"课程"一词。新中国成立以来，我国基础教育课程伴随着经济社会发展，不断地进行改革与探索，逐步形成了中国特色的课程结构和体系，还形成了三级课程管理模式。其中，校本课程成为基础教育课程体系中重要的组成部分，与国家课程、地方课程相辅相成。

1.1　校本课程开发的发展概述

1973 年，在爱尔兰阿尔斯特大学召开的"校本课程开发"国际研讨会上，菲吕马克和麦克米伦等学者首先提出了"校本课程开发"的概念。此后，对于"校本课程开发"的界定便不断地变化发展。

1.1.1　校本课程开发的概念

对于"校本课程开发"概念的界定，不同的学者视角有异，有的强调校本课程开发是一个研究的过程，有的则强调校本课程开发的成果，有的强调校本课程开发首先要重视学生的需求，有的则强调校本课程开发不能忽视社会需要。

我国部分学者认为，校本课程开发是对国家课程开发的一种补充，实际上可以构建学校自身的特色。首都师范大学徐玉珍教授曾对"校本课程开发"做过这样的界定："校本课程开发是在学校现场发生并展开的，以国家及地方制定的课程纲要的基本精神为指导，依据学校自身的性质、特点、条件以及可利用和开发的资源，由学校成员自愿、自主、独立或与校外团体或个人合作开展的，旨在满足本校所有学生学习需求的一切形式的课程开发活动，是一个持续和动态的课程改进的过程。"

基于国内学者对于"校本课程开发"的界定，我们需要把握几个关键点。第一，校本课程开发要以国家课程为指导，在国家课程的基础上，进行一定程度的补充，幅度和范围要把握得当；第二，校本课程开发要以学校为主体，要根据学校自身的条件和特点进行开发，如考虑学校的地域特色、育人目标等；第三，校本课程开发是一个持续的动态的过程，在开发的过程中，要有学校顶层的设计，要有完整的教学目标、教学计划、教学模式等设计，从而使校本课程的效果达到最优化。

1.1.2　校本课程开发的发展情况

1.1.2.1　校本课程开发国外发展情况

校本课程开发源于 20 世纪 60—70 年代的西方发达国家。由于各国教育管理体制的差异和政治、经济、文化、科技发展等方面的不同，校本课程开发也各有特色。英国、美国、澳大利亚等国家提供了统一的课程标准，课程开发的主体在学校，学校的所有课程都可以称之为校本课程；而法国、俄罗斯、泰国等国家制订了严密的计划，让地方或学校遵照计划执行，在课时安排上只给学校留出一部分自主设计课程的空间。国内学者李介在《国外校本课程开发模式带给我们的启示》一文中指出："关于课程开发，国外曾经出现过四种主要模式，即目标模式、过程模式、实践模式和情境模式。这四种主要模式同样适用于校本课程的开发，虽然这些模式没有详细阐明校本课程开发的技能和方法，但是它们为校本课程的开发提供了极其重要的思路。"通过对国外校本课程的研究，发现各国对基于民族文化的校本课程开发研究的侧重点虽不一样，但都体现了自己国家和民族的特色。

美国著名课程理论家约瑟夫·施瓦布建立了"实践的课程模式"，为校本课程的发展奠定了基础。实践的课程模式是把老师和学生作为课程的有机组成部分和相互作用的主体，把课程理解为相互作用的有机"生态系统"。从施瓦布设计的课程模式来看，老师和学生不再是孤立在课程之外的，而是课程的设计者和参与者，是课程的有机组成部分。老师有了一定的理论基础后，集体进行校本课程的设计，学生根据自己的需求，提出自己的想法，就这样，师生双方共同加入课程开发的过程之中。我们不得不说，只有学校根据自己学校的实际情况，进行校本课程的开发，这样的课程模式才是十分有意义的。

与施瓦布一样，英国著名课程论学者斯坦豪斯创立的"实践的行动研究"，同样促进了校本课程开发的发展。斯坦豪斯的课程行动研究是在一般意义上理解和实施的，因而可以定义为一种自我反思性探究，是课程实践者个体或集体为了突出和发展其专业知识基础而对实践进行的批判性和系统性审查。斯坦豪斯主张"老师即研究者"，即课程的设置，最终需要老师艺术地教学，只有重视教学的实践过程，课程的开发才能取得更卓著的成就。

以美国中小学校本课程为例，校本课程开发有三种典型的模式。

第一种，行动研究模式。行动研究模式是由史密斯、肖斯和斯坦尼提出的。在行动研究模式中，参加研发的有社区、家长、学生、老师、学校等团体和个人，家长和社区主要倾听课程的想法，提出自己的意见，以弥补学校考虑的不足，在此基础上，建立正式系统的课程模式。这种研究模式可以吸引学生家长、社区成员关心支持学校课程的发展，重视培养学生解决问题的能力、人际交往的能力和社会能力，这些都是该课程开发模式值得借鉴之处。

第二种，塔巴（Taba）转换模式。塔巴转换模式主要是指课程开发者通过确定学生的需求来设计学科的纲领性单元，设计时力求理论与实际相结合，从而使教学单元具体化。课程的开发者多半是一线教师。通过大量的单元设计，反复测试后，老师就积累了丰富的课程开发资料，再经过适当的修改，把修改后的课程纳入到校本课程中。

第三种，奥利弗（Olive）模式。奥利弗模式是一种比较完整的校本课程开发模式，该模式考虑到了对课程的整体的综合研究，参与者有课程委员会的专家、学校、老师、学生等。首先，课程委员会的专家将从理论的高度，确定领导学校教育哲学的理念，这是课程开发的先决条件与必要前提；其次，课程工作者要分析研究一所学校中学生的需求，确定课程的目标；再次，老师根据课程的教学内容，选择合适的教学工具，熟练地判断和选择教学策略；最后，学校需要对课程的设置、内容、目标、效果等进行量性评价，不断补充和完善校本课程。

1.1.2.2　校本课程开发国内发展情况

国内校本课程开发的论著始于 1999 年，随着 2001 年新一轮基础教育课程改革全面启动，三级课程管理体制逐渐建立起来，校本课程的建设慢慢掀起一股热潮。基础教育改革至今，将近 20 余年，我国校本课程从理论的建设、内涵的解读、理念与价值的导向再到学校的实践，都取得了一定的成果。当然，校本课程开发的理念、内容、评价方式等，也在随着时代的发展，不断地发生着变化。

第一，理论层面。理论指导实践，只有理论基础牢固了，才能有条有理地进行实践操作。校本课程开发的理论研究包含很多方面，如国外校本课程开发的建设历程，国外校本课程开发的理论建构，校本课程开发的概念、内涵、内容、目标设计、内容选择、课程评价等。

徐玉珍教授在 2001 年发表了论文《校本课程开发：概念解读》，她从各种课程文献中分析出了"校本课程开发"这一概念界定的五个视角。其一，作为一种新的课程开发策略。这一概念的界定者是美国课程论学者肖特。他认为，校本课程开发的主导者除专业人员外，还有学校、老师、学生等，各方面人员平衡协作。其二，作为一种课程管理制度的变革。1979 年，经济合作发展组织在一份有关校本课程开发的专题报告中指出：校本课程开发实际上就是要求教育制度内权利和资源的重新分配，强调的是学校和老师在课程开发中的重要地位。其三，作为课程变革的一种新的模式。许多学者之所以这样提，是因为校本课程开发是自下而上、遍地生根的"草根"模式。其四，作为学校特色构建的一部分。很多学校想办出自己的特色，有一条路径就是开发出属于学校的特色课程。其五，作为国家课程开发的一种补充。

同年，徐玉珍教授继续撰写了《校本课程开发：观点和理念》和《校本课程开发：背景、进展及现状》两篇论文。在当时大的教育环境下，校本课程开发还是一句教育口号，实践的学校太少，需要进一步探索这一口号所隐含的基本观点和理念。校本课程开发应该以学校为主导，学校要建立一种可持续发展的组织机制，校长、老师、学生、家长应该有校本课程开发的决策权。在这个研究过程中，老师本人就是研究者或逐渐成为研究者，老师有权利也有责任对于现存的教学材料或整个科目内容进行合理的调整、改编，甚至是完全的创新。可以说，这样的思想解放，在一定程度上，激发了学校进行校本课程开发的热情。

2002 年，华东师范大学吴刚平教授在其专著《校本课程开发》一书中曾有详细论述，校本课程开发的五根支柱是满足学生的实际发展需求，发挥师生主体作用，丰富学生的学习方式，考虑学校的实际因素，形成和体现学校办学特色。1999—2003 年，吴刚平教授发表的关于校本课程开发的系列论文，都在一定程度上指导学校进行校本课程开发的时间。如在《校本课程开发的基本理念与操作流程》一文中，吴刚平教授除再次明确校本课程开发的基本理念外，还提出了具体的操作流程。文中提到，校本课程开发的操作流程主要应该包括六大步骤：组织建立，现状分析，目标拟定，方案编制，解释与实施，评价与修订。这样的操作流程给了学校一个大的框架性指导，减小了学校校本课程开发的难度。

近年来，校本课程开发理论方面的研究有所减弱，实践研究及个案分析越来越多，从个性到共性的总结梳理，也对校本课程开发的理论进行了一定的补充。如张广利编著的《校本课程开发的实践与思考》，生动再现了校本课程行动研究的全过程，全面总结了富有学科特色的实践经验与成效，为中小学校本课程开发提供了有益的理论指导和丰富的实践成果。张雪梅等人编著的《特色校本课程开发范例解读》阐述了校本课程开发的异变与思辨、课程理解与课程改进视角的建构、写出自己的课程标准、重在课程实施与评价、在教学中绽放光彩等问题，分析实际的课程案例，对提高中小学老师和学校管理者的校本课程开发水平和实施水平有较强的指导作用。

第二，实践层面。从 20 世纪 90 年代引进西方校本课程开发的理论开始，校本课程开发的实践就在不断地变化发展中，从无到有，从薄弱到丰富，从单一到多元，校本课程开发取得了一定的实践成果，大致可以分为以下三个阶段。

20 世纪 90 年代初—2000 年，这是校本课程开发的雏形阶段。"校本课程开发"这一概念才从西方引入，理论建设比较匮乏，所以这一时期的理论建设较为突出，但也有一些实践的成果。在校本课程开发与实施过程中，江浙和上海地区的部分中小学作为校本课程的试点区，最具代表性的当属江苏的南京师大附中与锡山高级中学、上海大同中学与七宝中学。当时的校本课程开发则具有了"校本"意义，尤其是江苏锡山高级中学，它通过三年多的校本课程开发的实验研究，取得了相对不错的研究成果。当时"校本课程开发"一词在我国还未正式提出，多半使用"活动课""选修课"等字眼，而其在本质上则是"校本课程"的雏形。

2001—2009 年，这是校本课程开发的成形阶段。2001 年 5 月，《国务院关于基础教育改革与发展的决定》指出，"实行国家、地方、学校三级课程管理"。这标志着我国真正实现了课程管理史上的里程碑式的变革，由此，开始正式确立了三级课程管理体系，校本课程也开始正式定型。这几年，校本课程开发的实践成果数量在缓慢增长，知网中相关论文数量从 2000 年的 32 篇增长到 2005 年的 245 篇，说明校本课程开发受到越来越多学校的重视，理论成果得到进一步夯实，实践的内容也越来越广泛，这一阶段也是理论向实践过渡的阶段。

2010 年至今，这是校本课程开发爆炸式增长阶段。理论建设的成熟，校本课程开发成功的案例，都给学校带来了好的开发经验。2010 年，教育部颁发的《关于深化基础教育课程改革进一步推进素质教育的意见》指出，"有条件的地区和学校在达到国家规定的基础教育基本质量要求的前提下，可逐步提高学校课程设置的比例"。可以看出，国家对校本课程的重视程度越来越高，校本课程不断受到重视，其地位也在不断提高。校本课程开发范围不断拓宽，如增添了学科文化、民俗文化、科技文化、环保文化等课程。这些课程的开发，极大地拓展了学生的视野，丰富了学生的学习生活。

1.2   校本课程开发的现状分析

校本课程开发的理念受到三个阶段的影响，从全面推进素质教育到三维目标的提出，再到培养学生的核心素养，每个阶段的教育理念都影响着校本课程的开发。

1.2.1   校本课程开发的现状概述

1999 年出台的《中共中央、国务院关于深化教育改革，全面推进素质教育的决定》指出，"全面推进素质教育，培养适应 21 世纪现代化建设需要的社会主义新人""实施素质教育，就是全面贯彻党的教育方针"。在素质教育如火如荼实施之际，把素质教育观作为校本课程开发理念既符合科教兴国的战略要求和贯彻素质教育的要求，也符合新课程体系建设的内在要求。此外，校本课程开发必须关注学生的特殊需求，这与素质教育提出的关注学生个性发展不谋而合。因此，将素质教育理念作为校本课程开发的支撑理念是应时代所求。素质教育作为培养人才、提高劳动者素养的教育战略方针，为校本课程开发过程的科学化、合理化奠定了坚实的根基，让校本课程开发在理论层面上有理可寻、有据可依。

第八次基础教育课程改革提出了教学的"三维目标"，包括知识与技能、过程与方法、情感态度与价值观三个方面，它对课程设置、教学内容以及教学设计的制定起到了指引性的作用。"三维目标"作为第八次基础教育课程改革的重点内容，强调"三维目标"应当渗透在三级课程的每一级中，并在课程管理的具体内容中提出："学校在执行国家课程和地方课程的同时，应视当地社会、经济发展的具体情况，结合本校的传统和优势、学生的兴趣和需要，开发或选用适合本校的课程。"同时，第八次基础教育课程改革也把校本课程开发置于重要位置，对于校本课程的开发，指出校本课程开发理念更应该将"三维目标"中关于知识、能力、情感的具体要求，作为这一时期校本课程开发的理念支撑，贯穿在课程资源开发过程中。我们也应看到，"三维目标"中关于人性化的维度划分与校本课程开发中关注学生独特需求的理念是有共通之处的，将"三维目标"作为校本课程开发的主要参照点，符合教育的要求，符合校本课程开发的原则，也符合作为校本课程开发理念的基本要求。

2014 年《教育部关于全面深化课程改革落实立德树人根本任务的意见》中提出了"核心素养体系"这一概念。2016 年，由北京师范大学牵头研制的《中国学生发展核心素养》正式发布，明确了核心素养的主要内容，分为文化基础、自主发展和社会参与三个方面，综合表现为人文底蕴、科学精神、学会学习、健康生活、责任担当、实践创新六大核心素养，具体细化为国家认同、理性思维等 18 个基本点。核心素养中所提到的培养人的生存与发展的必备品格与关键能力作为贯穿校本课程资源开发的核心理念，使校本课程开发形成了自身的独特特点，并由此对学校、老师和学生的发展产生了独特的价值。

1.2.2　校本课程开发现状分析

新一轮基础教育课程改革以来，校本课程开发的发展已走过 20 余年，校本课程开发研究从理论走向实践的一个重要表现就是学科校本课程的开发。一个校本课程的开发，需要考虑众多的因素：有的学校配合学校的育人目标，进行学科校本课程的开发；有的学校利用本地独有的地域文化，进行民俗文化校本课程的开发；有的学校有先进的硬件配备，进行科学技术知识校本课程的开发；等等。

1.2.2.1　以学科文化建设为主的校本课程开发现状

根据知网公开的论文数据，笔者统计了近 20 年来校本课程开发研究数据，其中以学科文化为中心的研究论文占到校本课程开发研究总论文数的三分之一。1999—2009 年，仅有 214 篇关于学科文化建设的校本课程开发论文；2010—2019 年，关于学科文化建设的校本课程开发的论文就激增至 1 372 篇。学科文化的校本课程开发研究论文数据如表 1 所示。

表1　校本课程（学科文化）开发研究论文数量

单位：篇

学科	1999—2009 年	2010—2019 年	合计
语文	49	222	271
数学	13	110	123
体育	73	407	480
音乐	5	103	108
美术	14	107	121
英语	26	186	212
地理	16	117	133
历史	18	120	138
合计	214	1 372	1 586

从表1可以看出，以学科文化为中心的内容研究是校本课程开发研究的重点方向，充分说明了以学科文化为中心的校本课程开发的重要性。那么，从学科文化横向开发的研究情况来看，所涉学科的范围扩大，研究者不仅关注学校主要学科课程，而且对美术、体育、德育等有助于提升学生综合素质的课程也越来越重视，这也符合校本课程开发服务于学生的宗旨。

语文学科的开发内容有中国传统文化、古诗文、课外阅读、写作指导等。其中，将中国的成语文化与神话寓言、文人作品、传统技艺等相结合的主题课程，不仅是语文教学的拓展，而且可以激发学生学习的兴趣。学校通过设置一至六年级的诵读教材，并以此作为语文学科的校本课程开发的内容，通过对诸如《唐诗宋词》《三字经》《增广贤文》《论语》《孟子》《大学》等国学经典的延伸开发和拓展，不仅使学生沐浴了中国国学经典文化的洗涤，还能在潜移默化中传承并弘扬我国的传统文化。

数学学科的实践内容也相当广泛，如在培养学生的思维训练、数学生活化、数学兴趣等方面，有许多优秀的实践成果。比如有的学校将数学生活化，让孩子能够在有趣的教学中学会最基本的数学知识，并将其应用于生活。初中的数学校本课程，更注重学生的抽象性、逻辑性思维的训练。比如有的初中学校将生活中的照片与数学思想相结合，探讨与照片相关的数学问题，不仅吸引了学生的兴趣，也极大地激发了学生的创造性思维。

英语作为世界一大语言，在日常生活中起着越来越重要的作用。英语校本课程的开发主要集中在口语表达、英语绘本、外国文化等方面。不一样的教学方式，让学生感知英语学习的乐趣。比如，有的学校选择与教材相关的、语言较通俗易懂的，且学生容易接受的绘本故事，并在轻松的环境下交流学习，进行阅读和对话；有的学校会引入英语的经典影视及歌曲，纠正学生的英语发音；有的学校通过走进英语发展历史，让学生了解英语的语言结构；有的学校则引入英语国家的传统节日，让学生深入了解各国地域文化；有的学校通过让学生了解国外的餐桌文化，展示餐桌礼仪。

在美术校本课程的开发中，民间的传统文化以及国家的非物质文化遗产备受青睐。培养学生的文化自信和文化自觉，使其对中华文化产生自豪感，学校有着义不容辞的责任。如安溪蓝印花布是福建省首批省级非物质文化遗产（民间传统工艺），有的学校将安溪蓝印花布传统工艺资源融入美术课堂教学中，不仅能够培养学生的审美感知能力，激发学生对于学习美术的积极性，还能够拓展学校的美术课程内容，传承中华优秀传统文化。

器乐是音乐校本课程开发的重点，如通过竹笛、口风琴、古筝、吉他等乐器的学习，极大地丰富了学生的音乐生活。传统的音乐教学，老师教唱，教学相对受限，不利于培养学生的音乐素养。器乐教学可以将艺术教育融合在教学课程体系中，从而提高学生的审美情趣，提升学生的核心素养。

1.2.2.2　以地域文化为特色的校本课程开发现状

知网公开的论文数据显示，以"地方校本课程"为主题的文献有 639 篇，占校本课程开发研究文献总数的 10%，说明在进行校本课程开发时，大多数学校会利用当地的地域特色进行课程开发，如历史名人、民风民俗、地理环境等等。这种开发不仅让课程具有独特性，能够在校本课程开发中独树一帜，还能传承当地的特色文化，增加学生的文化素养。

苗族民间舞蹈既是湘西地区民间艺术宝库中的一颗明珠，也是湘西地区民俗文化历史的见证者与承载者，在湘西苗族民族历史文化教学和研究方面具有活化石般的意义。在湘西地区，有的学校就开发了苗族民间舞蹈的校本课程，这不仅能够促使学生接触苗族民间舞蹈艺术本身，还能使学生在贴近湘西苗族民俗文化的环境中来学习舞蹈艺术，当然也有利于实现苗族非遗民间舞的活态传承。

而在山西吕梁的革命根据地，就有当地的高校开发了"吕梁红色文化"校本课程。抗日战争和解放战争时期，吕梁因其特殊的地理环境成为战略要塞，党中央在吕梁地区建立政权十余年，使党的精神与当地淳朴的民风有机结合，当地由此孕育出富有地方特色的吕梁红色革命文化。作为革命老区，吕梁地区有革命遗址265处，在如此丰富的红色文化留存的基础上，开发当地颇具地域特色的校本课程，对于传承当地的红色文化，提升学生的民族自信和爱国情怀具有重要意义。

项羽是江苏宿迁人，江苏省宿迁市钟吾国际学校就立足当地优秀的项羽文化资源，开发了"项羽文化寻踪"校本课程。学校对项羽文化资源进行了梳理和整合，确定了有关项羽文化的文学作品、戏剧影视作品和历史遗迹等方面的课程内容。学校希望借助"项羽文化寻踪"校本课程，让学生了解更多的关于项羽文化的知识，理解项羽文化的内涵，感受项羽文化的丰厚博大，汲取项羽文化的智慧，掌握研究传统文化的基本技能和方法，增进对民族文化的认同感，不断提升自己的核心素养。

地域文化是祖国传统文化的特色组成部分，同时也是优秀的校本课程开发资源基础。学校立足于地域特色文化，开发本校的地域特色课程，是校本课程开发的有效途径。

1.2.2.3 以科学技术提升科学素养的校本课程开发现状

随着全球化信息的发展，人工智能、创客、3D打印以及机器人等领域不断发展，将世界科技的最新技术融入中小学的课堂教学中，不仅可以增强学生的科学技术知识，而且可以提升学生的科学素养，培养学生的科技创新能力。

河北省石家庄市华兴小学开发了小学 3D 打印课程，学生拓宽了知识面，了解了 3D 打印的装备结构与设计原理、相应的 3D 打印方法及其应用。通过本课程的实践教学，学生了解了 3D 打印的相关知识；通过讲授三维模型制作的原理、操作技术、创作流程以及各类建模方法，激发学生对 3D 打印的兴趣，培养学生的想象力与创造力。有的学校开发了机器人校本课程，比如通过探究搭建小车机器人结构，编程控制小车行动等活动开发"探秘小车机器人"校本课程，以此增强学生探索学习机器人的热情。

从互联网公开的文献数据来看，关于校本课程开发研究的文献数量整体呈上升的趋势，研究领域也随着时间的推移在不断拓宽。从局部来看，2003 年之前，校本课程开发作为一个新兴事物，还处于发展的初级阶段，但随着 2003 年基础教育课程改革实验规模进一步扩大，以及 2004 年课程改革试验工作进入全面推广阶段，对校本课程开发的研究受到了广泛关注。

1.2.2.4　校本课程开发的模式和评价现状

国外校本课程开发的时间早，课程开发模式相对成熟，有成功的操作体系。塞勒等人认为，课程开发先是感知问题，然后是分析问题，继而确定目标，再而寻找解决途径，找到解决对策，最后是改编或新编课程。这种课程开发模式强调以学校为主导，老师主动参与、共同商讨决议，弥补学校课程的不足。托马斯团队课程开发的模式是先组建课程研发的队伍，然后进行现状分析，再拟定课程发展的方向，制定课程目标与计划，最后在实施课程后，及时梳理实践成果。

国内学者认为，校本课程开发的实施过程并不是一成不变的，而是一种动态的、持续的、变化的过程，学校需要根据教学的实际情况，随时做出修改与调整。校本课程开发经过了几十年的发展后，国内专家也慢慢提出了适合本国国情的校本课程开发模式。基于学校传统文化开发校本课程的模式是当学校传统文化有了一定的积淀后，就能很好地采用的模式。首先，从传统活动中找到突破点；其次，组建课程研发的核心团队；再次，进行课程的一体化设计；从次，分年级实施课程；最后，开发课程评价的工具，并进行课程化管理。这种模式可以降低课程开发的难度，也利于学校将课程特色做得更明显。"主题课程开发模式"以主题为中心，以学生需求为向导，以资源联合为形式，它能根据学生的需求，最大限度地利用好学校的社会资源、自身资源，联合学校、社区、家庭等力量，对资源进行整合利用。这种模式分为四个阶段，依次是前期准备阶段、组织实施阶段、宣传推广阶段、评估反馈阶段。课程开发就是在一个周期与另一个周期的循环中不断发展的。随着周期的滚动，所开发的课程逐步走向完善。随着时代的发展，校本课程开发的模式呈现多样化的发展，不同的课程选择合适的开发模式，更能促进校本课程开发的发展。

校本课程开发的评价在国内一直是课程开发研究中的难点和热点。国内一般采用量化评价工具和质性评价工具。量化评价大多采用调查问卷的形式，问卷设计的对象有专家、老师、学生等，通过对数据的分析得出某些结论，如学生的感受、收获等；质性评价则采用档案袋的评价法，通过长期的跟踪记录，如学生的成长记录，搜集课程的视频、活动的方案、图片等资料，衡量课程对学生产生的效果。具体来说，有的学校从课程背景、实施过程以及课程效果三个维度进行评价；有的学校从学校、老师、学生三个层面，从课程开发的情境与目标、方案、实施等角度进行评价。目前，大多数校本课程开发采用的是多方参与的评价机制，最常见的还是师生参与评价，通过采访、调查、统计等方式，查找课程开发的成功经验与不足。此外，在多方参与的课程评价机制中，有时会对其他学校、社区、家庭等进行意见征集，看看课程实施是否取得了实质性的效果。

1.2.3 校本课程开发存在的问题与对策研究

1.2.3.1 校本课程开发存在的问题

随着校本课程开发的不断深入，教育界开始总结校本课程的开发经验，并反思其中存在的问题。根据其现状进行分析，目前，校本课程开发主要存在以下三个问题。

第一，理论与实践结合不紧密。

　　校本课程开发的研究主体主要是高校老师和中小学的一线老师，高校老师主要侧重理论研究，中小学老师主要侧重实践研究，两者之间存在一定的差异，前者是缺少实践性的经验，不能全面了解学校、学生的具体情况；后者缺少理论性的知识，缺少"高屋建瓴"的规划。因此，侧重理论研究的工作者要勇于深入一线，做好实地考察和研究，实实在在地指导和推动学校开发校本课程，将理论充分运用于实践；侧重实践研究的工作者要通过开展校本培训和理论培训，促进其在课程观念上的更新和课程开发能力的提升。

　　第二，偏向单一学科的研究，缺乏课程整合研究。

　　目前，学校的教学都是分学科教学，学科与学科之间的关联性不大。中小学老师在进行学科校本课程开发时，大多关注自己的专业，就学科而学科，缺少课程的整合，因而以学科为主的校本课程开发就比较单一片面了。近几年，全科教学的呼声越来越大，教育界希望打破学科间的壁垒，对课程进行整合。今后，学校在对校本课程开发的过程中，应重视学科校本课程开发的系统性和综合性，整合相关学科内容，开发关联课程或跨学科课程，加强校本课程开发的有效性。

　　第三，课程内容深化不足，缺乏创新。

　　随着校本课程开发题材越来越丰富多彩，学生能享受到更多样性的校本课程，但校本课程开发内容大多停留在表层，内容的深度不够，缺乏长期规划，课程内容缺少自我见解和创新。以砂子塘小学自编的校本教材为例，就能明显地发现，大多数老师按照自己的想法进行教学设计，教材的理论程度不高，教材内容的深度不足。

1.2.3.2　校本课程开发对策研究

　　校本课程开发经过了 20 多年的发展，尤其是近 10 年来所取得的实践成果，可谓是异彩纷呈。但是，校本课程开发也存在理论与实践结合不紧密、课程模式单一、课程内容深化不足等问题。我们需要进一步探索校本课程的理论构建，合理规范地开发校本课程，设计合适的教学内容，凸显学习特色等方面的策略，促进校本课程稳定持续发展。

第一，完善校本课程开发建设方案。

"兵马未动，粮草先行。"一套完整合理的方案是成功实施校本课程开发的前提条件。校本课程开发的方案要有先进理论的指导，要有宏观的育人理念，要有可持续发展的规划，要与学校的办学理念相结合，突出学校的办学特色。同时，校本课程开发的方案要对课程的内容进行全面、综合的筛选，并且要列出具体的课程目标，体现自己的课程意图。

第二，规范校本课程开发流程。

要规范校本课程开发流程，明确校本课程开发的阶段。首先，学校要锁定开发的校本课程，可以利用当地的文化，也可以与学校育人理念相结合，与学科文化相结合。其次，学校要组织老师制定校本课程方案，将校本课程的各方面内容进行细化。再次，学校在实施校本课程开发的过程中，要不断地总结经验，并完善课程。最后，学校要及时地梳理校本课程的实践成果，整理并形成宝贵的文献资料。

第三，健全校本课程开发管理。

许多学校校本课程的研发任务落在一线老师的身上，加上课程理论的专业性，一线老师很难全面地把握好课程开发。因此，学校需要成立专门的课程管理机构，并且聘请大学老师担任课程的指导老师，专门对学校的一线老师进行理论指导，促进校本课程合理、有序开发。此外，学校需要制定完善的管理制度，将各大板块分工明确，如有的老师需要负责课程内容的研发，有的老师需要负责课程的教学设计等。校本课程开发的评价制度也是十分重要的环节，主要是为了促进课程内容的研发，提高课堂教学的质量，更好地提升学生的综合素养，促进学生的全面发展，同时也助力学校的发展。依据校本课程评价的主要目的和基本原则，学校还需要制定科学的评价指标体系，指导校本课程建设，成为校本课程管理的重要组成部分。

第四，提升质量，凸显特色。

加强校本课程开发建设，不仅因为国家所制定的三级课程管理体制给了学校一定的发展空间，还因为学校为了办学质量，提升学校的知名度，也会大力地推进学校校本课程的研发。如何开发出有特色的校本课程，如何将校本课程的质量不断提升，是大多数学校都在探寻的问题。学校课程建设的过程应该是从理想课程到文件课程、实施课程和体验课程的转化过程。一般来说，我们需要在课程内容的研发、课程的实施过程以及课程评价等方面进行突破，同步关注学生上课的效果，对课程实施进行量化评估，及时对课程做出调整、改进，建立校本课程周期性审议制度，以此提升校本课程的质量。

校本课程是国家课程的重要补充，在学校课程建设中占有重要地位，是提升学校文化软实力的重要部分。自 2008 年开始，砂子塘小学就响应国家的号召，开始创建本校的校本课程。学校以开发学科文化为主旨，拓展各学科的文化，开展大讲堂，已有十几年的历史。在 300 多堂文化讲堂的基础上，学校开始从实践中总结经验，进行理论梳理，努力构建特色文化校园，提升学校的办学品质。

2 学生成长需求分析

校本课程开发的宗旨是满足学生的成长需求，因而对学生成长需求进行分析成为校本课程开发中必不可少的一个环节，它为校本课程开发提供了信息基础，有助于提高校本课程开发的针对性和有效性。

2.1　学生成长需求概况

近年来，学生的主体地位、学生的成长需求越来越受到重视。叶澜教授在《教育概论》一书中论述道："如果我们着眼于需要的分析，那么教育对于个体的意义，就是使个体具有正确合理选择自己发展方向的能力，提高个人满足自己合理需要的能力和向新的需要层次跃进的自觉意识与能力。"也即，教育要更关注学生的成长需要，并期望在此基础上更进一步，通过恰当的教育改革来更好地促进学生的发展。学生是学校的主体，要促进学生的发展，就必须研究学生的成长需要，并加以详细分析，从而使校本课程开发更加贴合学生的成长需要。

基于学生成长需求的校本课程开发无疑更具针对性。本校校本课程开发最初就是为了开阔学生的视野，丰富学生的学习资源，以满足学生日益发展的需求。因此，学校通过对学生进行全方位的调查，了解他们已有的知识能力、情感、态度，他们的兴趣分布，他们的专长，他们的学习独特性，他们在哪些方面有发展空间等一系列问题。在校本课程开发前期对学生学习需求进行分析，就是帮助校本课程开发者了解学生实际情况，为校本课程开发提供目标方向，使校本课程真正做到符合学生兴趣并调动学生积极性，这也是校本课程具有可行性和生命力的保证。

基于学生成长需求的校本课程开发更能彰显学校特色。一所学校拥有区别于其他学校的特色，不是依靠顶层设计实现的，而是与它自身的发展历史相关联的，也是与当前的教师团队、课程资源、学生特点以及社会时代等外在因素密切相关的。其中，学生是学校特色的代表、学校发展的核心。学校教育的目的是使每个学生都能获得成长，每个学生都能得到全面发展。学生呈现的共性特点，恰是学校特色最鲜活的部分。因此，开发符合学生学习需求的校本课程，既能促进学生、老师和学校的发展，也有利于学校特色的彰显。

由此可见，对学生成长需求进行分析，能够使校本课程开发的目标更明确，内容更有针对性，重点更突出，也更能彰显学校特色，是十分必要的。

2.2　学生成长需求的维度分析

基于学生成长需求的校本课程开发模式认为课程和教学是一个整体，教学是课程不可分割的一部分，在校本课程开发阶段以及应用阶段都应该顾及学生成长需求。

在校本课程开发阶段，学校会考虑国家育人目标、课程系统要求以及社会需求，从宏观上进行定位。学校更要考虑学校全体学生所反映出来的整体需求，这将作为校本课程开发的主要依据。本校的校训就是"和孩子们一起成长"，这里的"成长"涉及范围较广，既包含对全体学生成长需求的始终关注，也包含对全体老师不断成长、与时俱进的要求。量化到校本课程开发的目标时，学校老师应该和学科专家、课程专家一起研讨，更科学地对校本课程开发层面的学生学习需求的维度进行分析以及应用。在校本课程的应用阶段，老师除和常规的教学课堂一样，关注学生的个体需求外，还应关注学生对校本课程的评价反馈，对校本课程的适应程度。老师的专业知识、技能、反思能力以及经验积累的敏感性都影响着校本课程应用的适当性，同时，也决定了学习的有效性或学生学习的质量。

因此，在校本课程开发及应用阶段都应该关注学生的成长需求，并自觉形成理论—实践—理论的校本课程反馈路径，推动校本课程逐步成熟并形成体系。从校本课程开发层面讲，需要对学生的成长需求维度进行分析。

第一，国家育人目标。由国家颁发的课程标准对学生应具备的知识、技能、情感、态度和价值观都作了具体规定，是国家对未来公民基本素质的要求，各科课程标准也是学校在确定社会需求时的必要参照。教育"以学习者为中心，注重能力培养，促进人的全面发展"。学生的思想道德素质、科学文化素质、身心健康素质、社会责任感、法治意识、创新精神和实践能力等都在国家教育改革发展目标范围之内。学生个人成长需求与国家未来对人才的需要是密不可分的。

第二，学生成长环境。孩子在不同的成长环境中会有不同的个性，比如学生的家庭环境、人际关系等都会对学生产生影响。在民主平等、轻松和睦的家庭环境中成长的孩子与在高压、缺爱的家庭环境中成长的孩子在个性需求方面是有差异的。因此，相关问题可以设计为"你的父母对你的学习有什么要求？""你的节假日时间是怎样安排的？""你的家人经常开展读书交流会吗？""在你的生活中，谁对你的影响最大？""你最想对家人说的话"等。学生的校内外成长环境是一个整体，是不能割裂的，是对学生的成长需求进行分析不可缺少的内容。通过分析，我们就可以了解孩子的生活规律、自我控制能力、动手操作能力、学习背景等情况。

第三，学生已有知识结构。"知识结构是指一个人经过专门学习后所拥有的知识体系的构成情况与结合方式。"学生已有的知识结构，体现了学生对学习内容的掌握情况。校本课程开发需要把握学生已有的知识结构，才能找到学生在学习上的不足与不平衡之处，使所选择的内容符合学生的学习需求，从而全面提高学生素质。各门学科知识的各个组成部分是相互联系、相辅相成的，是一个有机的整体。在学习各门学科的过程中，学生的学习效果是有差异的，已有的知识结构也从低到高有不同层次：基础层次、中间层次和最高层次。根据学生已有的知识结构就可以有针对性地对学生因材施教。如在开发经典诵读《诗经》的校本课程中，设计有"你了解《诗经》吗？""你喜欢《诗经》的原因是什么？""你不喜欢《诗经》的原因是什么？""在学习《诗经》的过程中你遇到过何种困难？"等问题；在开发"希腊神话"校本课程时，设计有"希腊神话中的十二主神你了解多少？"等问题。分析时可以从学生对这些问题的回答中掌握学生的学习现状及具体需求。

第四，学生学习方式。"学习方式是指个体为接受和保持新的知识经验、技能所采用的方法和活动形式。"它包括学生对老师采用的教学方式和自己的学习方式方法的看法等。学习方式直接体现了学生的学习需求。比如，本校在校本课程开发时设计的相关问题有"老师讲解与小组讨论，你更喜欢哪种方式？为什么？""什么样的方式讲解《诗经》你更能接受？""如果老师给你讲'龙的文化'，你希望用怎样的方式？""在你最喜欢的那节课上，老师是怎样引导的？""你喜欢什么风格的老师？""动手操作课和知识讲解课，你更喜欢哪一种？"对学习方式进行调查，可以帮助老师用恰当的方法组织课堂教学，帮助学生学习，同时，也可以了解部分学生在学习方式上的不足，帮助学生改进学习方法。

第五，学生学习预期。学习预期包括对学校、老师、同学、课堂、课程等的期望。相关问题可以是"你对学校有什么建议？""你觉得学校在哪些方面还可以做得更好？""你对哪些方面的知识感兴趣，想继续探究？""你期望老师在哪些方面对你加以引导？""你希望学校多多开展哪些活动？"校本课程必须充分考虑学生的学习期望，才能真正体现"以生为本"的理念。

校本课程是否可以真正彰显不同学校的特点，补充国家课程的不足，归根结底是要看学校是否能结合自身的资源和条件，开发出适合本校学生学习需求和兴趣的校本课程，真正使校本课程做到适应学生的实际需求，促进学生个人价值实现，推动社会发展进步，使学生发展成为有理想信念、敢于担当的人。

2.3 基于学生成长需求的校本课程开发策略分析

现代社会是信息化社会，日新月异，要求教育培养出来的人才有灵活的适应能力和不断学习的能力。学校课程必须使学生形成积极主动的学习态度，要"关注学生的学习兴趣和经验，关注学生在日常活动、问题解决、适应挑战等方面所形成的实践能力、创新意识和行为表现"，培养"学生在认识自我、发展身心、规划人生等方面的综合表现"。这些如果仅仅凭借传统的国家课程，还不能很好地达到目标。

2.3.1 贴近学生需求，开掘校本课程内容

基于学生成长需求的校本课程开发在选取相应的课程内容时就要贴近学生需求，关注学生的求知欲望、学习能力、学习特点、学习规律、学习兴趣等等。

2.3.1.1 满足求知欲望

苏霍姆林斯基认为："求知欲、好奇心——这是人的永恒的、不可改变的特性。哪里没有求知欲，哪里便没有学校。""求知欲是学生认识世界、渴望获得新知识，不断探究真理的心理活动。"强烈的求知欲望有助于学生掌握知识和获得实际技巧，是推进学生学习的重要动因。了解学生渴求哪些方面的知识，培养学生强烈的学习愿望，是校本课程开发得以成功的前提。

相关问题可以是"如果学校开设新课程，你最希望老师讲什么内容？""你最想了解哪些方面的信息？""在声乐、体育、美术、器乐、实验等课程中，你最喜欢哪一门？并说说你喜欢的原因。""如果让你当小老师，你将给同学们上什么课？为什么？"等。激发学生的求知欲望，了解学生的需求，才能满足学生的需求。

2.3.1.2 贴合学习能力

学习能力是指个体从事学习活动所需具备的心理特征，包括感知观察能力、记忆能力、阅读能力、解决问题能力等。学生在不同学段的学习能力不同。在校本课程开发之初，应了解学生已有知识结构、学习能力，将内容的选定与新课程标准、学科教材、学生知识结构、学生心理特点等结合起来，从而开发出贴合学生学习能力的合适课程。

首先，关注学段学习要求。在研读课标和教材的过程中，不难发现每个年级每门学科都有自己的学习要求。比如，老师在开发校本课程《有趣的象形字》时，

了解到课本中每学期要求认识的字为 400～500 个，要求会写的字为 300～400 个，识字教学在小学语文教学中占了很大一部分内容。因此，根据低年级学生的学习需求开发象形文字教学：让低龄儿童了解汉字的起源，知道汉字发明的故事；尝试根据图画、象形字认读相对应的汉字；关注周围环境中的汉字，产生对汉字的兴趣。这样的设计贴合学生该学段的学习要求，内容设计合理。

其次，遵循学生身心发展规律。个体身心发展是一个由低级到高级、简单到复杂、量变到质变的一个过程，个体在不同的年龄阶段表现出身心发展不同的总体特征以及主要矛盾，面临着不同的发展任务。比如，三年级的学生自我意识开始觉醒，他们特别爱表现自我，但由于对良好的自我认识不清晰，不知道如何表现自我，为了维护自己的形象，他们容易出现不诚实或者两面现象。这个时期的学生从儿童进入少年期，思考问题从单一化向多元化过渡，个性的发展以及生活范围的进一步扩大使他们开始有自己的主张。但与此同时，集体意识也明显增强，他们渴望以干部等形象在团队中发挥作用，希望得到同伴的认可。另外，进入三年级后，学习难度和强度的增加使学生的学习兴趣开始分化，并产生对学科的偏爱，一些同学开始出现不适应学习的现象。因此，只有遵循学生身心发展规律，才能开发出贴合学生学习能力的合适课程。

最后，关注身心发展的个体差异。个体身心发展的差异表现在两个方面：一方面，从个体角度来看，有的人性格活泼，有的人性格内向；另一方面，从群体角度来看，男女学生的智力在不同时段也是有差异的。因此，在开发校本课程时，要关注学生身心发展的差异，尊重个体差异，因材施教。

2.3.1.3　激发学习兴趣

兴趣是学生探索知识的动力。有了学习兴趣，学生的学习就会处于一种积极的状态中。学生对某一学科有兴趣，就会发挥主观能动性，主动钻研，自觉探索，从而提高学习效果。

挖掘校本课程内容时，我们根据学生认知的规律，寻找学生感兴趣的话题、热点问题或熟识问题，使校本课程既可以具有学科特色，又可以跨学科进行整合。首先，选材不论大小，只要是学生喜欢的、有兴趣听的，对他们成长有启示的、有收获的，都可以成为校本课程的选题。其次，从教学内容以及教学活动两个方面关注学生的兴趣点。学生朝气蓬勃，他们对社会充满好奇，易于接受新鲜事物，对社会热点、现实矛盾比较关注。从社会热点问题、学生感兴趣的知识点和已有相关资源中梳理筛选内容可以增强教学内容的时代性。再次，老师自主开发课程可以吸引学生自主参与，引导学生关注课堂以外的知识。这活跃了课堂文化，必然会引起学生更多的关注，有利于激发他们更浓厚的学习兴趣。如体育学科校本课程《铁环滚滚》、语文学科校本课程《李白》、美术学科校本课程《走进博物馆》等引入学生喜闻乐见的内容，在寓教于乐中激发学生的学习兴趣。

2.3.2　结合学生特点，推进校本课程应用

校本课程开发后，在应用阶段，也要关注学生的成长需求。比如丰富多彩的内容如何发挥其最大效能？如何激活学生的参与意识，全身心地去体验校本课程，感知校本课程的价值所在？与常规课堂相比，校本课程的主讲者有较大的自主创新空间，在授课时长、主讲人数、讲述语言、呈现方式等方面应结合学生需求加以调整。

2.3.2.1　严控授课时间，给学生选择空间

小学常规课堂一般为 40 分钟，校本课程的授课时间可以相对调整，比如设定为短课，时间严格控制在 30 分钟以内，要求讲不完的知识加以"留白"。对于内容很丰富的题材，如《走近苏东坡》，其鼓励老师用"走近东坡""少年轶事""东坡文化""东坡饮食"等序列开讲，讲到精彩处戛然而止，请听"下回分解"，达到意犹未尽的效果，从而使学生产生学习期待。

这种"半饥饿"的讲堂形式"吊"住了学生的"胃口"，更大程度上激发了学生聆听与分享的兴趣，使校本课程同样充满着吸引力，蕴藏着无穷的生命力，从而使学生的潜能得到最大限度的发展，让学生根据自己对新知识的理解，自主探索，将课堂内外的知识结合起来。

2.3.2.2 锤炼讲述语言，营造和谐氛围

自主开发的校本课程没有相对应的考查要求，学生少了任务驱动，这对老师的课堂组织能力以及讲述语言也有了更高的要求。如何吸引学生认真参与？老师的讲述应力求做到"深入浅出"。老师的语言习惯、思维方式、举手投足、声音气质、穿着打扮将赋予校本课程不同的生命状态。层次、内涵较深的内容体现了老师的学者风范；富有儿童气息、贴近生活的内容活泼开朗；讲诗词歌赋时，或温柔婉约，或奔放豪迈，老师的语言能够让课堂高潮迭起，妙趣横生。

课堂良好氛围的营造需要一个让个性得以自由发展的宽松氛围，并允许学生对课程内容进行个性化的理解，允许有不同的表达方式，这种和谐氛围能够满足学生安全的需求，增加学生的归属感，便于学生更好地投入到课堂中。

2.3.2.3 丰富呈现方式，易于学生接受

由于校本课程主题相对多样，因而可以根据学生需求，选取最佳的呈现方式，如讲授、导读、交流、评论、实验、讲故事、展示图片等等，引发学生兴趣，感受校本课程魅力。

老师通过讲解、图片辅助、声影结合等生动形式发挥其最大效果，让所有的一切在不经意间拨动学生的心弦，给学生一缕阳光，然后让学生自己去寻找知识的源头，畅饮甘泉。校本课程的魅力在于通过一个小窗口，抓住一个点，折射一个面，带来一个立体的知识空间，引发学生兴趣，从而使学生产生继续追寻的动力。

校本课程中涉及的语文学科有文学性强的、内容经典的、语言文字优美的、故事情节有趣的，有的适合学生配乐诵读；有的适合学生去感悟和反复品味；有的适合学生分角色扮演；有的适合学生辩论；有的适合学生竞猜或者以知识竞赛的形式抢答。比如《成语乐园 go go go》以抢答、表演、游戏等方式落实教学内容，学生的参与积极性很高，且在不知不觉中接受了文字的熏陶，这体现了语文的魅力。

2.3.2.4 构建良性互动，满足参与需求

成长需要来自个体与外界的互动建构，尤其是在人际交往中产生的新的发展目标。课堂是师生进行互动的正式场所，老师不仅应该传授知识与技能，也应该在课

堂上构建与学生的良性互动，满足学生情感、思维、想象等方面的参与需求。

第一，融激情，促进情感互动。课堂的生命在于和谐，即人与课程的和谐，人与人的和谐，身与心的和谐。倡导校本课程"以生为本"，力求在和谐的课堂上体现教育的本真。老师激励、引导，体现一个"融"字，融入满腔激情，一举手、一投足给予学生积极的情感导向；学生情绪被调动，积极投入到学习中，体会到课程内容包含的情感。这样，师生共同营造了一个情感共振的课堂，实现了老师、学生、课程内容三方面的情感互动。

第二，重想象，巧设教学情景。爱因斯坦说过："想象力比知识更重要。"人们常说，情感是创造的灵魂，想象是创造的核心。小学生具有丰富的想象力。在课堂上，老师创造有利于学生思考和探究的良好氛围，便于他们丰富的想象力自由驰骋。

来自生活的、自然的、社会的内容都可以成为学生想象的源泉。老师引导学生学会观察，扩大学生的知识背景，发展学生的想象空间。"想象是在情景非常不明确的认识阶段上发生作用的"，老师创设一种信息不充分、条件模糊的教学情境，为学生的想象搭梯子，帮助他们进入个性的、丰富的想象世界。比如，在上语文学科校本课程《诗经·采薇》时，学生时而想象戍边战士在"杨柳依依"的美好春天离家时的情景，时而想象戍边战士在"雨雪霏霏"的寒冷冬日归家时的情景，他们的想象极大地还原了当时的场景——充满真实感，还原了战士当时的心情。老师创设情境让学生充分想象，然后编成一幅幅有画面感的故事，故事中生动的场景与丰富的情感既提高了学生的想象力，又提升了学生对语言文字的感悟能力。

第三，强思维，问题带动思考。通过分析、综合、概括、抽象、比较、具体化和系统化等一系列过程，对感性材料进行加工并转化为理性认识及解决问题的能力。思维能力是学习能力的核心。尽管思维看不见，摸不着，来无影，去无踪，但它却对学生的学习起着重要作用：思维能在课堂上增强学生的问题意识——注意发现问题，提出问题，注重思维的发散，多角度探讨问题；鼓励学生追根究底，不但要知其然还要知其所以然，养成深钻细研的好习惯；逐步培养学生思维的敏捷、创造、批判、灵活、深刻等特性。比如语文学科校本课程，通过猜谜语、对对联、成语接龙等智力游戏培养学生思维的灵活度。再比如数学学科校本课程《蜂巢的秘密》，由"水立方为何能建造得如此神奇"这一问题引入，到"自然界最有名的建筑师是谁"的问题竞猜，动物之灵——蜜蜂由此荣耀登场。蜂巢探秘，兴趣开始：透过蜂巢，探索六边形的奥秘。学生的思维能力在课堂上得到持续锻炼："蜂窝猜想怎样证明？""做蜂巢蛋糕的商家是怎样想的？""自然实验室的桌子为何要使用六边形？"……紧紧围绕六边形这一个知识点，老师可以带着学生进行多角度、高深度、大广度的思考、突破。而老师对蚂蚁、蜘蛛、大雁、猫等"动物数学家"的超凡数学本领的精辟介绍，更激发了学生们对数学的无限思考！

2.3.2.5　注重自主探究，满足成就需要

学习成就是指通过测验和评价衡量出来的学生个体所取得的学习结果，学生的成就需要在马斯洛需要层次理论中属于尊重的需要和自我实现的需要。努力实现自己的潜力，使自己越来越成为自己所期望的样子，这种成就感能够激发学生主动参与的欲望，培养学生多方面的能力。

实施校本课程时要把握学段特点，合理设计教学目标，"跳一跳，摘到桃"，要让学生在学习的过程中接受挑战的同时，不断尝到"甜头"，满足学生的成就需要。低、中、高各学段的学生听的习惯不同，思维方式不同，对内容层次的要求不同，这就决定了课程实施者必须熟知他们的特点，并针对特点做出有效的安排，以满足他们的成就需要。比如，低年级学生集中注意力的时间不长，又喜欢表达，爱表现是这个学段的学生很主要的一个心理特征，他们希望自己能在参与中获得成功，得到满足，产生愉悦。在这个学段，老师应绘声绘色地创设情境加以提问，引领学生表达并感受课堂的乐趣。

比如，语文学科校本课程《欢乐儿歌行》采用拍手合作唱儿歌、配乐听儿歌、边做游戏边感受儿歌等方式开展教学，最后总结出儿歌的语言表现特点。这样的教学过程注重自主探究，每个学生都动手动脑，充分参与，得到了施展特长和才能的机会。这样的课堂表现方法多样，既能受到美的语言熏陶，在总结儿歌特点时又能

收获发现的奥妙、成功的喜悦。整节课学生的注意力不仅能稳定、持久，而且集中的程度也较高。

2.3.3　尊重学生差异，构建校本课程开发评价

学生是校本课程开发、实施的亲历者，更是受益者。老师评价学生，是出于对学生成长的关怀，更是出于对学生深厚、炽热的爱。学生的发展需要目标、导向和激励，因而评价成为课程的重要组成部分。学生在校本课程学习活动中不断体验进步与成功，认识自我，建立自信，这些都体现了学生的成长需求。

2.3.3.1　建立新型的评价关系

校本课程的评价主体是多元的，他们之间构成一种彼此对话、互补共生的状态。对于学生而言，校本课程开发本身是为学生的学习而存在的，课程实施也是以学生的发展为终极目标的；对于老师而言，他们对教学起到定向和指导作用，同时他们的专业能力也在教学过程中得到发展；对于学校而言，校本课程开发不仅为老师和学生服务，也可以促使学校做出特色，做亮品牌；对于家长而言，校本课程开发可以形成家校合力，帮助孩子们更好地认识自我和健康成长。因此，建立互相尊重、平等对话的新型评价关系，尤为重要。

发展性评价倡导多元化主体，包括老师评价、学生自评和互评、学生与老师互评等，也可以把小组互评与对小组每个人的评价结合起来，把学校评价和家庭评价结合起来。这种评价不再是评价者对被评价者的单向反馈，而是评价者与被评价者之间的互动过程。学生在评价时进行对照和比较，既看到优点，也看到不足，这有助于激发学生内在的潜能，帮助学生提高自我调控能力，促使学生主动发展，起到学生之间互相帮助、互相促进的作用。

比如，小学生的好胜心和自尊心比较强，他们希望自己的行为能得到老师的赞许、同学的认可。在课堂上因表现出色而得到老师奖励的"小白鸽""喜报"，胜过父母给他们的物质奖励。因此，老师在课堂上应以表扬为主，经常开展小组竞赛，调动学习积极性，最大化地发挥老师这一评价主体的作用。

学生在家里对父母具有依附性，在学校又依附于班集体或小团队。一二年级学

生希望得到父母和老师的表扬，高年级学生更希望赢得班集体对他的赞扬和肯定。学生从人际关系中获得的赞扬可以使其产生愉悦感，进而获得一种精神上的满足。老师通过集体的作用，将课堂的评价与长期的评价相结合，既能使学生在集体中获得大家的肯定和赞扬，又能培养学生对集体的归属感，从而激发其学习积极性，增强其克服困难的勇气，这正是发挥团队以及小组这一评价主体的作用。

总之，老师、学生、家长、学校之间应建立互相尊重、平等对话的评价关系，既有助于校本课程的应用，也有助于学生的成长。

2.3.3.2　形成多元评价方式

新课程标准中指出，对学生的评价应从甄别式的评价转向发展性评价，要关注学生学习的结果，更要关注他们学习的过程；要关注学生学习的水平，更要关注他们在学习活动中所表现出来的情感与态度。评价要反映学生学习的成绩和进步，激励学生的学习，帮助学生认识到自己在学习策略、思维或习惯上的长处与不足，认识自我，树立信心，真正体验到自己的成功与进步，因而评价方式要多样。校本课程在实施的过程中，也要关注学生个性差异，形成多元评价方式，满足学生成长需求。我们可以采用以下几种评价方式：

第一，强化过程评价。

现代课程评价理念倡导过程性评价和发展性评价。"课堂观察"评价法是一种有效的过程性评价法，它能很好地了解学生的学习情况，反馈学生的学习过程，观察学生的学习态度。开展以学生发展为中心的"课堂观察"评价，要求老师在课堂中充分关注学生的状态，从学生的注意状态、参与状态、思维状态、情绪状态、生成状态等方面去观察、了解学生，并随机作出适当的引导和评价，以鼓励学生去思考、去体验、去实践。过程性评价可以很好地推动教学进程，将学生引向更高深度的思考和交流。评价时要中肯。例如："你真棒！""你太棒了！""你真是一位小将军/小诗人/小天才……"这样类似的评价虽然能够鼓励学生，但是有些空泛。结合问题、过程进行评价，学生能够真正地感受到被赏识，比如，"你的感受很深刻，发现了新特点。""你流利而有条理的表达是大家的榜样。""他的想法和大家不一样，很独特，他开始把思考引向哪里？"

第二，注重纵向评价。

学生参与校本课程学习活动所需的知识与能力储备有明显差异，其情感与个性品质等非智力因素也不尽相同。在评价时，对那些学有余力的学生，可以在更高层次上对其提出要求；对那些别出心裁、有创新意识的学生，可以多加鼓励和引导；对偏离学习主题的学生，要适度引导，降低要求，提高其参与意识；而对性格内向、能力较弱的学生，绝不能戴"有色眼镜"去审视他们，对其点滴变化，要用"放大镜"来肯定，帮助其建立自信，获得进步。比如可以为学生准备"成长银行"，记录校本课程实施阶段学生的表现，让学生与过去的自己相比，记录学生在提前准备、积极参与、清晰表达、成果展示等方面的变化，收集、记录相关的评价材料，如老师奖励的"小白鸽""喜报""积分表"等，以此来评价学生学习和进步的状况。

第三，淡化总结评价。

对于有些学习成绩差的学生，用成绩的高低评价他们，他们并不能品尝成功的喜悦，反而会逐渐失去学习的信心。老师淡化总结评价：在课堂上，谁思考的问题更有意义？谁的发言很精彩？谁的书写最工整？谁的听课状态很专注？在小组讨论时，谁遵守发言的秩序？谁能够有条理地表达自己的观点？谁能够有序组织小组讨论？老师对这些综合素养以及学习习惯进行评价，淡化根据考试成绩而做的总结评价，既能够教会学生学会学习，也有助于满足学生的成长需求。

校本课程各学科评价将平时表现与期末考核结合起来，评价方式有笔试、口试、节目展演、实践操作等，参与人员可以是个人，也可以是小组合作，这些改变更贴近每一个学生的实际。比如，学校对美食校本课程构建了多元评价体系，还制订了"一星级厨师""二星级厨师""三星级厨师"星级评选标准，将美食材料准备、卫生习惯、实际操作、美味品尝、对美食的优美描述等多方面的因素都考虑进去进行评价，淡化总结评价，重点关注学生参与美食校本课程积极与努力的态度，以及根据处境灵活应变的能力等，以促进学生综合素质的提高。

第四，组成动态评价结构。

小学校本课程的学习强调的是过程，并非仅仅是结果。校本课程要注重全过程的考察，并且重点考查学生是否有积极参与的态度，具体获得了什么样的体验和经验以及提出问题、解决问题的主动精神和实践能力。既要关注现状，又要着眼长远，发挥评价的教育功能，促进学生在原有水平上的发展，这些就组成了动态评价结构。

比如，从学习活动的内容到形式，从准备过程到呈现状态，都可以给予恰如其分的评价。在探究式、情境式的学习活动中，可侧重"学习方法"的评价，关注学生综合运用能力；在实践式的活动中，可充分注意学生在解决问题的过程中所采用的思路和方法；在体验式活动中，可侧重"自主合作、主动探究"方式的评价，评价学生参与活动的程度以及与人合作的态度；在感悟式课程中，可对学生情感、想象力、表达等方面进行综合评价。此外，还要对学生的人格素养方面有所考察，因为这些非智力因素都会影响学生参与活动的效果。

老师在评价的过程中，要多搭建平台，进行作品展示、成果汇报、心得交流、成长分享，尽量展现学生在活动中的参与态度、探究能力、合作精神、交往能力，帮助学生体验校本课程的乐趣。

基于学生成长需求的校本课程实施的评价策略应扎根校情和学情，科学地从学生的最近发展区出发，在悉心培养学生良好的学习和生活习惯中，帮助其养成适应今后社会发展需要的价值观念、关键能力和必备品格，促进有效学习真正发生，为孩子的幸福人生奠基。

基于学生成长需求的
校本课程开发的研究

教育教学最终受益的应该是谁？当然是我们的服务对象——学生。因此，校本课程的开发应该以学生为主体，根据学生的成长规律、生活实际和发展需要，培养他们关注人与自然、人与社会、人与自我的和谐发展，指导他们学会分析问题和解决问题，培养他们的探索精神和创新意识。在开发课程资源时，我们要更多地从学生的视角来看待周围的事物，努力寻找学生的兴趣所在，力求选择出来的课程资源是"儿童化""学生化"的。只有这样，校本课程的开发才能真正补充国家课程和地方课程中过分侧重学科知识本位之不足，课程内容才能真正由学科知识的构建指向人的能力培养。

3.1　校本课程开发的基本原则

校本课程是以学校为基地的课程创新，是构建新型动态课程体系的重要组成部分，是学校实施素质教育的一个新的视角、新的焦点。校本课程既能体现学校的办学宗旨、资源优势和学生的特别需求，又与国家课程、地方课程紧密结合，是一种具有多样性和可选择性的课程。校本课程承载着一所学校的文化价值取向，这种文化价值取向逐渐沉淀成一所学校的特色。校本课程的开发要立足学校实际，挖掘学校的教育资源，发挥学校的教育优势，传承学校的文化内涵。因此，砂子塘小学在校本课程的开发实践中，特别要求把握以下几个原则。

3.1.1　主体性原则

教育主体是指在教育活动中有意识地认识和作用于客体的人。在教育活动中，老师与学生都是有主体意识的人，都有自己认识与作用的客体。教学时，师生之间有目的的交往活动，是共同存在的主体之间的相互作用、相互交流、相互沟通、相互理解。老师和学生应该是校本课程开发与实施中的"双主体"，教学活动的最优化是老师活动最优化与学生活动最优化的有机统一，是充分发挥老师、学生"双主体"能动性的过程。

老师是校本课程的开发主体和实施主体，是校本课程开发实施中最关键的因素，校本课程的目标达成最终是要通过老师来推动的。因此，老师要充分发挥自身的主观能动性进行资源的开发、选择与整合。校本课程的开发要求老师不仅要会教书，还要会"编书（开发课程）"。一名合格的老师应该是"1+X"型老师，也就是除专业科目以外，还要开发实施一门甚至多门校本课程。在开发校本课程资源时，老师可以结合自身的优势，扬长补短，突出个性。比如，爱阅读的老师可以发挥自己诗词歌赋的积累，爱旅行的老师可以发挥自己见多识广的优势，多才多艺的老师可以充分利用自己的多方面才能。老师要在校本课程的开发中体现自身价值，体味教育幸福，与学生一起成长。

学生应该是校本课程开发的最大受益者，任何校本课程的开发都要以学生成长作为最终的落脚点。校本课程只有通过学生自身的"再创造"，才能纳入其认知结构中，才可能成为其有效的知识。因此，老师在选取校本课程开发的素材时，务必从学生的知识基础、能力基础和年龄特征出发，要把学生看作是课程资源的一部分进行开发和利用。老师要积极为学生创造宽松和谐的学习氛围，通过教与学的优化设计，引导学生主动参与教学活动的思考和实践；要充分挖掘自己身边的课程资源，最大限度地发挥学生的自主性、能动性、创造性，使学生由知识的被动接受者转变为知识的主动建构者，让学生成为校本课程活动的主人，进而实现校本课程的效能最大化。

3.1.2　创造性原则

校本课程开发的创造性是相对于国家课程、地方课程的开发而言的。国家课程、地方课程的开发是按自上而下的"研究—开发—推广"的模式进行的，而校本课程的开发是按自下而上的"实践—评估—开发"的模式进行的；国家课程、地方课程的开发立足于课程体系的基础性、统一性，而校本课程的开发侧重于各自校情的独特性、差异性。学校通过校本课程的开发，可实现对国家课程、地方课程体系的有机补充，完善二者之不足，形成自己的教育特色。

校本课程开发的创造性也是相对于常规课堂而言的。常规课堂的教学内容是规定好的，老师和学生都心中有数。虽然教材只是学习资源的一部分，师生双方仍然可以补充一些相关的学习资源，但教学时还是以书本知识为主，课外拓展的内容只是起到补充作用。校本课程没有现成的教材，也没有现成的主体，一切都需要老师们去探索、去实践。从寻找素材、确定主题，到素材的选择重组，再到设计教学流程，这个过程就是"无中生有"的创造性的过程。"无中生有"，不仅仅蕴含了朴素的哲学道理，更揭示了校本课程开发之路的不容易。创造的过程闪烁着智慧的光芒，在"无中生有"的探索中，我们总结出了两条校本课程内容选择的方法：一是从国家教材和地方教材中得到启发，拓展开去，这种课程内容来源于教材，又高于教材；二是跳出教材，着眼于师生成长需求，这样的课程内容既令人耳目一新，又根连于学生认知的最近发展区。

校本课程开发的创造性是相对其他学校的校本课程而言的。一些学校的校本课程的"综合性"特点很突出，与学校的常规教学工作、德育工作、家长工作、社区工作交相融合。砂子塘小学的"学科文化大讲堂"则特别强调其"学科性"的特点。譬如，语文大讲堂要学语言，有文学味，能体现听说读写的本体训练，其中渗透语言、修辞、逻辑、文学等语文知识；数学大讲堂要着眼于研究数量关系和空间形式，引导学生掌握现代生活和学习中所需要的数学知识与技能，进一步发挥数学在培养人的科学推理和创新思维方面的功能；音乐大讲堂要以音乐审美为核心，以音乐活动为形式，注重音乐实践和音乐创造。

3.1.3　开放性原则

3.1.3.1　校本课程的内容选择要开放

校本课程要精选适用性、可操作性强的课程内容，使学生能够学以致用、活学活用、边学边用。这不仅是校本课程基本特征之所在，也是校本课程开发活力之所在。不同的学生有不同的兴趣、爱好、情感、态度、价值观，课程资源的有效开发正是为了满足不同学生的需要。因此，在课程资源选择开发上应提倡开放性、多样化。开放的校本课程内容更能充分利用校内外资源，形成教育合力，促使学校特色的形成；开放的校本课程内容更能将课程资源的实施与学生的生活世界联系起来，激发孩子们的兴趣，拓展孩子们的视野，激活孩子们的生命状态。砂子塘小学"学科文化大讲堂"的教学内容，从学科上看，涉及语文、数学、英语、科学、音乐、体育、美术、信息等多门学科；从目标指向上看，涉及知识类、技能类、态度类；从知识范围来看，有的植根于教材，有的跳出了教材。这种开放性的教学内容本身就具有独特的魅力，它的课堂实施展示给学生的只是一个点，但折射出来的却是一个面，甚至是立体的多维的空间。比如，《趣说〈三字经〉》的大讲堂带给学生的是什么？难道只有几个片段和一个故事吗？《走近鲁迅》的容量到底有多大？它只是《我的伯父鲁迅先生》的课外延伸吗？答案当然不会如此简单。从这个意义上说，大讲堂内容的开放性，给了学生无限的发展空间。

3.1.3.2　校本课程实施的时空要开放

校本课程是在校长的指导下，统筹规划，科学计划，拟订方案，开发出的体现学校本位特色、科学实用、易操作、富于探究的课程。从空间上来说，校本课程的课堂不应只局限在教室里，可以到大礼堂内，可以搬到室外，甚至可以搬到社区、工厂、博物馆、图书馆。砂子塘小学"学科文化大讲堂"的上课地点就有教室、操场、礼堂、植物园、美术馆等场所，根据主讲老师的教学设计进行安排。从时间上说，校本课程的课堂授课时间不应局限于每节课 40 分钟。"学科文化大讲堂"的授课时间也有一定的弹性，每节讲堂安排了 20~30 分钟，引导学生从已知走向未知，为学生指引学习的方向。校本课程实施的时空开放性还表现在资源跨班、跨校、跨区共享：年级组内一人开发，多班开讲；在区域内，优秀讲堂跨校开讲；甚至运用云课堂技术远程与农村学校共享优质文化大讲堂。

3.1.3.3　校本课程的研究氛围要开放

大讲堂的开放性，还体现在开放的研究者心态与校本课程研究的氛围里。在我们看来，作为"草根化"研究，专家引领是必要的，但自我反思和同伴互助更加重要。无论是自我反思，还是同伴互助，都需要开放的研究氛围，这样才会有思想的碰撞，才能实现资源共享、智慧共生。为了建立开放的校本研究氛围，我们坚持从三方面着手：一是淡化个体竞争，强化团队意识，培养合作互助的团队精神，加强老师间的横向交流。比如，大讲堂每期以年级、学科组为单位展示，评价时突出集体协作的效能等。二是建立"师徒结对"制度，发挥骨干老师的专业引领作用，促进中青年老师的专业成长，促进跨年级组的纵向交流。三是充分运用现代信息交流平台发挥研究的增值效应。比如，砂子塘小学"学科文化大讲堂"的现场研讨就常常有时间不够、参与交流的人数很有限等问题，网络交流就可以突破这种时空的限制。学校搭建的"砂子塘小学校园文化网站"群体博客式的交流平台，实现了讲师和听课老师的充分交流与思想碰撞。老师们把撰写大讲堂的新闻、教学反思和心得体会发表在校园网站上，在体验发表文章的快乐的同时，享受着网上交流的增值效应。同时，学生也可以通过网络的展示了解更多的讲堂内容。

3.1.3.4　校本课程的评价体系要开放

校本课程的开发与实施需要跟上科学的评价，只有这样才能确保课程有实效、有长效。首先，评价主体要开放。学校管理者、老师、学生以及学生家长应共同参与分析与评估的过程，从而促进老师自我反思、自我教育，主动接纳和认同评价结果，自觉改进工作和学习过程中的行为，实现自我发展。其次，评价指标要开放。要从过分关注学生学业成绩的评价，转向对学生多方面素质的评价，包括学生的学习态度、学习水平、创新精神、实践能力、知识观、价值观、人生观等。同时，要承认和尊重学生发展的差异性和独特性，促进他们的个性化发展。最后，评价方法也要开放。要把握三个原则：量化评价和质性评价相结合，等级与评语相结合，过程性与终结性相结合。既要有课堂观察，又要有成长记录；既要有表层的知识检测，又要有深层的能力评估。进而发现问题，提出改进课程的思路，作为下一阶段校本课程教学活动的起点。这样一个循环往复的过程，既是校本课程开发与实施不断完善的过程，也是评价改革不断深化和发展的过程。

3.1.4　可持续性原则

可持续发展强调一种发展趋势的持久力，强调未来的发展能力和发展机会。校本课程的开发主体应避免功利主义态度和各种急功近利的做法，要着眼于课程的可持续发展，对可利用的资源进行甄别、遴选，优先选取具有较大育人价值的资源，再充分挖掘已选资源的潜在价值，使其价值得以最大限度地实现。首先，砂子塘小学"学科文化大讲堂"从开发体系上讲具有可持续性。"学科文化大讲堂"体系的建构是一个不断优化的过程，前后体系的优化具有一定的思维递进关系，这是讲师们循序渐进的研究历程的见证，也是讲师们滴水成河的研究成果的积累。其次，砂子塘小学"学科文化大讲堂"的资源运用具有可持续性。从 2008 年开始开发到今年历经 12 个年头，我们收录了大量的优质讲堂，前面开发的讲堂被留存下来，经过一轮轮开讲，伴随着一轮轮修正，愈趋完美。再次，砂子塘小学"学科文化大讲堂"的效能更具有持续性。讲堂超越教材，超越课堂，面向学生，以丰富的知识和独特的视角去开阔学生的视野；用 20～30 分钟大讲堂的引领，为学生打开一扇通向浩瀚学海的窗户；让学生在讲堂上尝点"甜"，让他们自己去找"糖"，激活学生对知识的渴求和再探索的生命状态。

3.2　校本课程开发的推进路径

校本课程的开发建设是一个全员参与、全程体验、全方位架构的过程，要力争做到"人尽其才、物尽其用、室尽其能、时尽其效、脑尽其思、心尽其享"。校本课程的开发如果有清晰的目标指引，务实的方案规划，有效的活动平台，就能够激发每一个学科组、每一个年级组、每一个老师来积极参与，让学生受益无穷。砂子塘小学的"学科文化大讲堂"课程从引发创意到定位统筹，从师资培训到老师研讨，从"点"的成果到"线"的归纳，有一条明晰的推进路径。

3.2.1　校本课程开发前期

3.2.1.1　学校定好开发目标

校本课程的开发是一个系统工程，需要学校"顶层设计"自上而下指引方向，统筹资源，形成合力。校长要做好第一责任人，要亲自负责抓校本课程研讨工作。校级领导要带头学习教材的开发理论并参与教学研究，举办专题讲座，向老师介绍校本课程的目标定位和研究思路，指导各部门开展研讨，成为老师的真诚同伴和专业引领的力量之一。砂子塘小学的"学科文化大讲堂"在开发实施之前，教材的开发团队就对课程目标做了初步的定位：以大讲堂为主要阵地，传承优秀学科文化，激发学生的自主探究精神，发展学生的人文素养和科学素养；探究以大讲堂为主阵地的学生喜闻乐见的教学方式；促进老师专业素养的发展；培训一批适应大讲堂需要的具有专业特长的老师；自编适用于小学一至六年级的"学科文化大讲堂"教材。

3.2.1.2　学校做好师资培训

老师是校本课程顺利推进的"软实力"，是校本课程顺利推进的根本保证。校级领导要充分挖掘校内教育资源，整合教材的开发、教导等机构的课程研讨力量，形成教学、研讨、培训为一体的大讲堂研讨机制。师资培训是校本课程开发的必由之路。校本课程的推进需要通过师资培训让参与的老师明白"课程要达成什么目标？""我们要共同解决什么问题？""你需要我做什么？"等，从而形成名师领衔、骨干主研、全体参与的开发团队。砂子塘小学"学科文化大讲堂"通过有计划的师资培训，讲师们达成了共识——"学科文化大讲堂"的教学方式是"以讲为主，兼顾互动"，那么老师的讲要走进学生内心，贴近学生生活，让学生听得入神、入胜、入境、入心，要力争做到"四化"：一是故事化，每个专题力争有动人的故事或精彩的事例贯穿其中，或引入，或展开，或收束，深入浅出，由易到难；二是影像化，适当制作精美的课件，或图像，或文字，使讲解形象生动，可看可感；三是生活化，要从生活中来，到生活中去，拉近讲述内容与学生之间的距离；四是儿童化，内容要儿童化，思维要儿童化，语言要儿童化。

3.2.1.3　学校排好开讲课表

砂子塘小学的"学科文化大讲堂"会事先制定好学期课程开设方案，对主讲人数进行宏观调控，确保老师、学生与课程的相对稳定，提高大讲堂开设的质量。每个学期初，学校教材的开发部门会分为语文组、数学组、综合组安排好本学期大讲堂的开讲时间，然后通过校园网站进行公布。比如，2019年上学期砂子塘小学学科大讲堂安排如表2所示，语文大讲堂优课展示程序如表3所示。

表2　2019年上学期砂子塘小学学科大讲堂安排

周　次	时　间	开讲学会组
第五周周三	下午2：20	数学组（四）、数学组（五）
第七周周三	下午2：20	语文组（四）、语文组（五）
第七周周四	下午2：20	数学组（一）、数学组（二）、数学组（三）
第七周周五	上午8：10	英语组、科学组、电脑组
第九周周四	下午2：20	语文组（一）、语文组（二）、语文组（三）
第九周周五	上午8：10	音乐组、美术组、体育组

要求：每组推出一堂大讲堂（集合全组智慧，共同研讨，分工合作。）

地点：五楼电教室

表3　语文大讲堂优课展示程序

时间：2011年5月11日（周三）下午2：30入场

地点：五楼电教室

	年级组	主讲人	内容	所用班级	大讲堂时间
1	一年级	李艳	《赏灯射虎话灯谜》	一年级3班	下午2：40—3：05
2	二年级	周美霞	《龙的文化》	每班抽部分学生	下午3：10—3：35
3	三年级	姜阳阳	《名著引读》	每班抽部分学生	下午3：40—4：05
4	现场评课	各组派代表发言			

3.2.1.4　讲师钻研磨课

第一，调查学生定讲题。

开发课程资源，要对学生的素质发展现状进行调查分析，这是对学生接受理解课程资源能力的一种考量，不仅影响到课程资源的内容选择，还直接关系到课程开发的深度和广度。开发课程资源，还要对学生的兴趣喜好进行观察，从学生的兴趣着眼开发出来的课程资源，能更好地激发学生的思维能动性。万事开头难，砂子塘小学的"学科文化大讲堂"，选题尤为难。由于砂子塘小学的"学科文化大讲堂"内涵丰富，我们很容易陷入"满天麻雀都想抓"的忙乱与困惑中，那种感触真可谓是"乱花渐欲迷人眼"，问君何处寻芳踪。

大讲堂究竟讲什么？如何选题？我们的答案是：扣准基调——以学生为中心；直取要义——为教材做补充。选题前，讲师们会认真细致地观察，理性深入地分析；选题时，讲师们敢于大胆创新；选题后，讲师们进一步论证其可行性。教材想不到的，讲师们来补充；教材做得不够的，讲师们来调整；教材跟不上的，讲师们来改革。讲师们有的选择学生知道的，进行深入细致的讲解；有的选择学生不知道的，点燃学生新的热情；还有的选择学生想知道的，抓住其好奇心，激发其探究兴趣。正如讲师朱琴老师在教学反思中写道："学科文化大讲堂"是砂子塘小学文化的一道美丽的风景线，怎样让刚刚上小学的一年级孩子得到一把大讲堂给予的适合他们小手的钥匙，去开启一扇智慧的门呢？通过课堂课间的观察，我发现孩子们读起儿歌来兴趣浓厚，声情并茂，于是"儿歌"这一选题进入了我的视线。再通过找学生有目的的聊天调查，我发现他们小脑瓜里还从家人那里学到了不少口口相传的儿歌。孩子们虽然会唱一些儿歌，但却并不太了解儿歌。从孩子们那里得来的这样的调查分析结果更加坚定了我选择"儿歌"这一主题的信心。

第二，磨课研讨改讲义。

在开发校本课程时，必须注重人的实践，坚持实践第一、感受第一和体验第一的原则。课程设计的目标和内容应指向人，定位于学生的健康成长和全面发展、和谐发展、自主发展，达到课程主客体之间互动互馈的理想效果。"众人拾柴火焰高"，砂子塘小学特别注重运用团队力量推进校本课程的开发。在定好主讲题目、做好资料搜集的"加法"后，讲师们该如何对这些资料进行删减、组合、穿插、重组，使之成为有机整体，从而在讲授时打动孩子的心灵呢？为了集思广益，语文、数学、综合各学会、组会在组长牵头下进行规定动作——组内研讨，磨课试教。在反复磨课的过程中，讲师们平时没有关注到的盲点和问题会暴露出来，解决这些盲点和问题，不仅使这节讲堂更加完美，更可以给讲师们许多触类旁通、举一反三的东西。正如讲师罗菲菲老师所记录的心得文字：大讲堂的时间刚好碰上了学校的很多活动和组内几位老师的教材的开发课，我们试教七次，组内老师每次都积极配合、帮助我们，利用中午、下班后的时间为我们评课、分析，张慧老师和黄未知老师则手把手地帮我们纠正一个个的问题，尤其是张慧老师，她还承担了周五在区政府研讨课的任务；一次次改教案，我和朱文娟老师每次再用几个小时，一个一个环节商量。细心的王艳萍书记甚至还在大讲堂会后悄悄地通过黄未知老师给我们传递建议。就这样，凝聚了全组同事心血以及领导关心的学科大讲堂《神奇的标点符号》得以不断完善。

3.2.2　校本课程开发中期

3.2.2.1　学校组织评课交流

交流有着不同的层次区分，浅层次的交流主要是信息交换和经验共享；深层次的交流主要是专业会谈和专题讨论。评课交流就是一种专题讨论，是老师在一起围绕某个问题畅所欲言，提出各自的意见和看法，这个过程是最具有生成性和建设性的，它会冒出和形成很多有价值的新见解，使老师能获得单独学习所得不到的东西。每次大讲堂砂子塘小学都会专门用一个上午或者下午的时间来组织专场。上完课后，主讲老师会就选题缘由、磨课经历、讲堂亮点等方面的内容做一个现场阐述，接着听课老师们就围坐一块畅所欲言：说优点，说缺点；评课件，评语言；聊感谢，聊心酸……有时争得面红耳赤，有时说得泪眼汪汪……老师们的现场交流，除了口头交流，还有书面交流。教材的开发部门会制作并发放专门的"大讲堂听课感言单"，请老师们现场撰写，并鼓励老师们写好后拍照传至学校信息平台分享。现场除了老师交流，还有学生采访。这不仅给学生提供一个交流、表达的场合，还可以了解学生在讲堂学习中的"所得"与"所惑"。通过现场交流指出问题，剖析问题出现的原因，提出改进的设想，老师们得以不断更新教学观念，改善教学行为，形成了自己对"学科文化大讲堂"的独立思考和创造性见解。正如罗长兵老师在评课稿中的分享：《趣谈十二生肖》这节讲堂的教学方式主要是"讲"，首先是讲的形式比较多，有绘声绘色讲故事、有板有眼说快板、边表演边讲故事等，尤其是讲寓意时还与学动物动作、看动画和图片等方式结合，增加了讲的表现力；其次是师生之间的交流互动较多，如让学生猜想生肖的寓意、说自己积累的成语等，学生热情很高。不过，由于学生说寓意时遇到了困难却没有得到有效点拨，说成语时老师又降低了难度（指迫不及待地用课件呈现成语），因而交流效果多少打了点折扣。

3.2.2.2　讲师现场精彩开讲

老师语言是一门专业语言，它是由教学工作的任务、性质和特点决定的。著名教育学家夸美纽斯说："老师的嘴，就是一个源泉，从那里可以涌出知识的溪流。"这句话，隐含了老师语言的重要性。老师的语言在很大程度上决定着学生学习的效果。形象的语言，能将"死"知识变为学生易于理解的"活"知识；具有情感的语言，能感染学生，陶冶学生的情操；生动的语言，能吸引学生，振奋学生的精神，让学生听了便如临其境、如见其人、如闻其声，使学生得到美的享受，从而提高教学质量。此外，美国心理学家通过实验得出这样的结论：信息的效果 = 7% 的文字 + 38% 的音调 + 55% 的面部表情及动作。可见，在教学中，老师除用有声语言来表述之外，还可以通过手势、眼神、面部表情等无声语言对学生加以教学暗示，它有时甚至可以达到无声胜有声的效果。肢体语言在小学课堂中的运用更具有发展空间：一个会意的微笑，一个点头的赞许，一个肯定的手势，一个神秘的眼神，往往都会起到意想不到的效果。

相对于常规课堂来说，砂子塘小学的"学科文化大讲堂"在时间分配上，给讲师"讲"的时间更多些，这对于讲师讲授的能力要求会更高一点。每当开讲的日子来临，学校就像迎来了节日，主持人、主讲者、听课老师和参与的学生都会带着兴奋与期待之情，早早地守候在开讲场地。主讲者就像"十月怀胎，一朝分娩"一样既兴奋又紧张。讲师们会在三个方面严格要求自己：第一，尊重听讲对象，讲述的语言力求通俗化、儿童化；第二，内化授课内容，熟悉讲堂文稿，力求能脱稿；第三，讲究语言艺术，力求生动有趣，准确形象地表达教学内容。比如，李艳老师的语文大讲堂《赏灯射虎话灯谜》。由于上课对象是一年级的小朋友，她就特别注意教学语言的口语化、儿童化。在导入部分，她是这样说的：小朋友们喜欢过元宵节吗？你喜欢元宵节的哪些活动？俗话说：正月十五闹元宵，赏灯猜谜不能少。古时候的人对元宵节非常重视，每到这一天，街上就挂满了各式各样的彩灯，人们有的吹箫，有的弹琴，有的玩杂技，有的赏灯，有的猜谜，游玩的人很多，好一派热闹、繁华的景象！这时候如果邀上三五个好朋友，一起赏赏灯，猜猜谜，那该多有意思啊！大家想不想去看看？那还等什么呢，走吧！寥寥几句，学生就对古人赏灯射虎的风俗有了一些了解，加上李艳老师神秘、亲切的语气，略带夸张的面部表情，学生早就按捺不住想猜灯谜了。

由于大讲堂没有教材，学生对老师、对媒体会产生更多的依赖，因而多媒体显得尤为重要。在大讲堂上出示的图片、视频，或者播放音乐，不仅会增加教学的直观性、生动性，还有"替代"教材的价值。例如，廖艳老师的数学大讲堂《美丽分形》，课件特别精美、实用：开头出示一组数学分形艺术作品，一下子把学生带入到神奇美丽的分形艺术世界；接着用蕨类植物、花椰菜的图片解释什么是分形；然后结合图片重点介绍几种分形几何——Cantor 三分集，Koch 曲线，Sierpinski 垫片，Julia 集，Mandelbrot 集；最后，在节奏明快的分形音乐声中欣赏一首分形小诗，学生总结出"分形几何是真正描述大自然的几何学"。这么复杂的知识，因为有了如此生动的课件，所以学生学得愉快，老师教得轻松，达成了教学目标。

3.2.3　校本课程开发后期

3.2.3.1　学校安排巡讲

为了让大讲堂在修改中不断完善，砂子塘小学针对不同学科、不同形式的大讲堂设置了"课后调查问卷",通过数据分析,了解大讲堂的实效:这堂课的教学目标达到了吗?这堂课的亮点是什么?这堂课孩子们最大的收获是什么?通过讲堂学习孩子们有什么困惑?这个讲堂引发了孩子们哪些思考?孩子们课后打算采取什么方式继续求索?对于好的讲堂,学校会安排讲师出去巡讲。学校建构了巡讲制度,鼓励讲师接受本校其他班级或兄弟学校的邀请进行巡讲,并主动创设校际交流的平台让大讲堂得以展示。不同的环境,不同水平的学生,讲师不同的心境,往往就会呈现不同的效果。在一次次巡讲中,一方面,让更多的学生获得优质教育资源;另一方面,不同学校的老师的建议给了讲师完善大讲堂的启迪,使讲师在反复的修改中,精彩其内容,精进其方法,精深其底蕴。例如,数学大讲堂在"湖南省小学数学第二届团体会员教学研讨活动"中就进行了展示,以下是唐雪白老师的一段记录:

> 2010年11月21日,砂子塘小学迎来了"湖南省小学数学第二届团体会员教学研讨活动"。本次活动分别推出卢亚敏老师的《走近汽车》、旷海斌老师的《黄金分割》和孙瑛老师的《弦图》。精心挑选的内容,时刻吸引着孩子们的眼球;声情并茂的讲解,时刻激发着孩子们的欲望;风趣幽默的语言,给在座的师生带来了无限的欢乐。课后,砂子塘小学孟毅校长对大讲堂教育思想进行了精彩的解读,徐幸操校长介绍了数学大讲堂的研究经验,在场的专家也为我们本次研讨活动做了精彩的点评。

3.2.3.2　讲师反思改进

老师自我反思是老师个体以自己的教学行为为思考对象,对自己在教学中所做出的行为以及由此产生的结果进行自我审视和分析的过程。老师的自我反思也是研究的自我和教学的自我进行对话的过程,是理想的自我与现实的自我在心灵上的沟通。波斯纳曾提出一个老师成长公式:经验+反思=成长。他认为没有反思的经验是狭隘的经验,至多只能形成肤浅的知识。可见,自我反思是老师专业成长的核心因素,是开展校本教材开发的基础和前提。

在砂子塘小学"学科文化大讲堂"的创作过程中,讲师亲身实践后的反思是难得的第一手研究资料,我们可以从中捕捉很多有价值的研究问题。我们所提倡的自我反思不是一般意义上的"回顾"，而是反省、思考、探索和解决大讲堂教学过程中存在的问题，具有研究性质。只有讲师增强了研究意识，以研究者的眼光审视、分析、反思自己在大讲堂实践中遇到的真实问题和解决问题的效果，才能克服教学的被动性与盲目性，进而不断发展自己的专业能力。上完大讲堂并不意味着终点，及时的课后反思和总结是促进大讲堂发展和个人成长的催化剂。在"学科文化大讲堂"实践中，及时的课后反思已成为讲师们的一种习惯，每一位上完大讲堂的老师不仅会理性思考、记录，还会将大讲堂背后的故事上传至学校网站。

> 相同的内容在不同的角度下会呈现不一样的画面效果。引导孩子们欣赏画面，更应该让他们体会、感受视觉角度的奇妙，这样的学习有益于他们今后视觉角度的重构，能真正将美术课所学用到他们的生活、学习实际中去。经过一次大讲堂，我才觉得要去准备这样一堂课是多么不容易。有句话说得好：给人一碗水，自己要有一桶水。我的知识还远远不够，学无止境啊！（黄溶华自我反思）

> 其实自己儿时滚铁环可以算是叱咤街头的高手，但没想到当年的拿手菜却成了今日的教学篇章。这一次的大讲堂对我来说很有意义，它让我明白其实教学也可以源于生活。热爱生活中所遇见的点点滴滴。工作中，每一天、每一节课、每一分钟都认真努力地去做，因为这就是我们生活的全部。（陈白翌自我反思）

3.3 校本课程开发的创新形式

创新是以新思维、新发明和新描述为特征的一种概念化过程，它包含更新、创造新的东西、改变三层意义。创新是人类特有的认识能力和实践能力，是人类主观能动性的高级表现形式。创新是校本课程走向发展所必须面临的问题，同时也是校本课程发展唯一的解决途径。张志公先生曾说过："好的教学形式同科学方法有联系，我们要善于恰当地运用教学形式，要做到因人而异，因文而异。"实践是创新最好的引导者。砂子塘小学"学科文化大讲堂"开发者善于发现问题，盯着问题做工作，多方研究解决问题，在讲堂的呈现形式上有如下创新：根据发挥讲师特长的需要，讲师组合人数有创新；根据讲堂内容的需要，师生互动方式有创新；根据讲堂呈现方式的需要，讲师角色演绎有创新。

3.3.1　讲师组合方式有创新

当前，我国各阶段的学校教育过程中主要以班级为单位开展教学活动。班级授课制是一种集体教学形式，它把学生按年龄和文化程度分成固定人数的班级，由老师同时组织和指导全班学生进行学习。这是一种"一个老师端+多个学生端"的授课方式，即一个主讲老师对一个班的学生进行"传道授业解惑"。砂子塘小学的"学科文化大讲堂"为充分发挥"讲师合力"，在讲师组合方式上进行了大胆创新。

3.3.1.1　一师主讲型

以年级组为单位推出的"学科文化大讲堂"最初的形式是由一人主讲。有的组是根据组内商讨的讲题来选定这方面最擅长的老师来讲，如综合组的《古文字趣谈》，当然非"书法家"林巧莫属；有的组是推选骨干老师上阵，如四年级语文组就重磅推出"大师级"人物罗长兵老师来进行《三十六计导读》；有的组是自主申报，如肖文锦就毛遂自荐讲起了《田园诗》；有的组是明文规定一人一期上阵锻炼一次，如英语组的美女老师就是这样，拟定计划，排队等候，独挑大梁。待主讲人敲定，大家分工协作，有的查资料，有的做课件，有的准备道具，有的安排学生，一次又一次研讨最佳方案。虽一人主讲，却体现了一个组的集体智慧，展示了一个组的精神风貌。

3.3.1.2　双师对讲型

随着大讲堂的深入开展，讲师的人数有了变化，出现了两人对讲的形式。一年级的《三字经》首开"对讲"先河：先由杨俐老师借助"龙"字的形象演绎解读经文，再由周南莎老师讲"三字经"故事引发学生思考。杨俐老师文学底蕴深厚，周南莎老师语言生动，这样的讲师组合能更好地达成通过文化知识和道德故事相融合从而引领孩子们爱上国学的目标。此后，向康、黄志莹两位老师主讲的《奇妙的象形字》，帅男靓女组合让人眼前一亮，他们携手合作，配合默契：先是黄志莹老师叙述古代记事方法，引出象形字；再由向康老师以讲故事的形式展示33个象形字；最后对比象形字与汉字，总结出象形字到汉字的演变。黄志莹老师的从容自信以及向康老师的儒雅又不乏激情给大讲堂注入了活力。

3.3.1.3 多师配讲型

大讲堂有了两人对讲型的成功，相继就有了"多人配合型"的尝试。二年级主讲《少年强则国强》，分"国耻、觉醒、崛起"三个板块，斯思老师催人泪下忆国耻，江窈老师激情澎湃说觉醒，刘丹老师吐气扬眉颂崛起，三人天衣无缝的配合，将一段近百年的厚重历史浓缩成一个讲堂，让孩子们对这段历史有了清晰的印象，孩子们有了深刻的感受："少年强则国强"，进而立志"强少年强中国"。讲堂《走近苏轼》，带领着众"听客"探寻古代苏轼的内心世界："苏轼为何会有如此大的成就？"且听李朝老师讲述"苏母教子"的故事；"为何说苏轼的词既有冲天豪气又有柔情万种？"请跟随李艳老师一起来鉴赏《赤壁怀古》；"为何说苏轼潇洒又乐观？"听听张琼老师讲述"东坡鱼"的来历。这个讲堂以三位讲师"各"辟蹊径，让大文豪苏轼以立体的姿态走进了听者的心灵。

3.3.1.4 师生合讲型

学生也可以大胆走上大讲堂，与老师亲密合作，成为主讲人，"师生合作型"成为大讲堂的一道靓丽的风景线。二年级《美丽的汉字我的家》就是创造性地采用了两师一生合讲的方式：熊畅老师深情叙说，引领学生走进神奇的汉字世界；杨俐老师带着学生在活动中触摸汉字，体验汉字的奇、趣、美；别具一格的是，五(4)班黎诚译同学走上讲堂，奉上自己的书法作品《芙蓉楼送辛渐》，再配以有感情的诵读与有底蕴的作品解读，让学生在羡慕与赞叹中对汉字有了更深层次的认识与理解。一年级张慧老师和她的学生们送上的《海底总动员》，更是师生合作型的成功范例。张慧老师先从"面"上对海底生物进行了介绍，再大胆启用学生上台主讲模拟某种海底动物的身份进行自我介绍的方式。孩子们活泼而富有童趣的语言，大胆自信的表演，能更好地唤醒听众爱护环境、保护动物的意识。

3.3.2　师生互动方式有创新

师生互动通常是指由老师发起、邀请同学与自己合作以实现某一教学目的活动方式。教学过程中的师生互动是用来解决问题的，有效的师生互动能使师生在互相学习中共同发展。按照对象以及角色关系，师生互动可以分为"师个互动""师班互动""师组互动"等形式；按信息传递方向来看，师生互动有双向型、多向型、网状型三种形式；按信息传递方式来看，师生互动有"我讲你听""我问你答""我导你练"等形式。砂子塘小学"学科文化大讲堂"根据每个讲堂自身的特点，在师生互动的"讲""议""练"三大抓手上进行了有效的组合创新。

3.3.2.1　浓情单讲型

砂子塘小学的"学科文化大讲堂"在最初呈现时如同《百家讲坛》，从头到尾均为老师讲述，学生静静聆听即可。如《姓名的秘密》讲堂中的肖朝辉老师从姓氏的来历、意义、分类、名人改名的小故事等方面娓娓道来，20多分钟的介绍，学生静静聆听，慢慢领悟了"姓名"背后的文化意蕴。而《剑胆诗魂辛弃疾》采取的是两人对讲型的主讲方式，讲堂的魅力就在于王婧、汪慧君两位老师时而温婉、时而激昂的讲述，学生在静静聆听中走近辛弃疾，感受着辛弃疾的豪情壮志。

3.3.2.2　讲议结合型

这是一种"以讲为主，兼顾互动"、孩子们边听边看边评议的讲堂形式。在讲的过程中注重调动学生的积极性，吸引学生主动参与。语文大讲堂《明月照我心》之月亮文化系列，一直走的就是讲议结合的路线。讲堂的设计紧紧围绕"精彩讲、选点议"做文章，讲堂的韵味就是在师与生、生与生的讲议互动中，心与心进行交流，思与思进行碰撞，情与情互相滋生。再如《汽车中的数学》《斐波那契数列》等数学大讲堂，更是以讲议结合为主来呈现：老师在讲解完一个知识点后，会放手让学生发现、探究，再归纳、整理，谈感悟，从而达到开启与点拨的目标。

3.3.2.3　讲练结合型

讲堂有讲有练，用耳朵听获取知识，动手操作验证知识，这应该是综合组大讲堂最大的特点。如在《铁环滚滚》大讲堂中，师生共同挑战"外套式"铁环和"内嵌式"铁环的最高极限，师生共同活跃于讲堂，切磋滚铁环的技艺，"滚"出了讲堂的另一种境界。又如在《了解京剧》大讲堂中，学生饶有兴致地操起京剧打击乐器：板鼓、大锣、小锣、铙钹，进行现场拜师学艺，再创讲堂新特色。而《舞龙》则让学生真刀真枪地过了一把舞龙的瘾，在亲身体验中感受舞龙文化与舞龙精神，学生在舞龙中所体现的精气神掀起了讲堂又一新高。丰富的讲堂活动让孩子们收获快乐与成长。

3.3.3　讲师角色演绎有创新

角色认知是指角色扮演者对某一角色行为规范的认识和了解。老师角色是指社会对老师职能和地位的期望和要求，它规定了老师在教育情境中所应该表现的心理和行为方式。老师在课堂中所承担的角色绝不是单一角色，而是多重角色。老师是知识和技能的传授者，"知识传授者"的角色是老师在课堂中的中心角色。除此之外，老师还需要承担"学生言行楷模""课堂管理者"等多重角色。砂子塘小学的"学科文化大讲堂"不同的主题会对讲师产生不同的角色期待，讲师们在课堂角色的演绎上进行了大胆的创新。

3.3.3.1　功底过硬的学科素养大师

为了发挥"学科文化大讲堂"的最佳效能，讲师们在演绎角色上也下了不少功夫。很多语文老师化身成了底蕴深厚的文学家，像李莎老师优雅开讲《走近孔子》时，其文学家的气质扑面而来。李老师智慧设计孔子档案袋，以讲故事的方式介绍孔子的生平、成长经历与求学生涯，以打比方的形式解释着"六艺"，再加上李老师对《论语》中经典语句的解读，凸现出其深厚的文学积淀。好的朗诵能唤起共情的心灵乐章：在《走近沈从文》这一讲堂中，"一方水土养一方人。湘西的群山，险峻峭拔，养成了湘西人剽悍勇猛的性格；湘西纵横的溪水，清澈秀丽，也养成了湘西人奔放多情的性格……"李朝老师声情并茂的朗诵直抵孩子们的心灵深处。在音乐大讲堂《瑶族舞蹈》中，潘师老师现场把瑶族歌曲、瑶族舞蹈演绎得惟妙惟肖，展示了一位音乐老师出色的学科素养。

3.3.3.2　活泼热情的节目主持人

大讲堂之《动物与数学》模仿孩子们喜爱的少儿节目《动物世界》进行设计，而主讲人董晓老师就成了活泼开朗的解说员。在董晓老师的解说中，孩子们获取着来自动物界的神奇信息：森林之王——老虎，视力特别好的原因是它们眼球后面的视网膜上有圆柱形的视杆细胞和圆锥形的视锥细胞；聪明的小猫知道运用"把自己的身体缩成球体后表面积最小的原理"，在寒冷的冬天，蜷缩着睡觉；珊瑚虫不仅"美丽"，还是聪明的"计数天才"；小小的蚂蚁是计算高手；丹顶鹤是精准的"队列专家"。动物解说员的神气解说，大大调动了孩子们想进一步了解动物与数学的兴趣，让孩子们知道了在生活中要多观察、多发现、多思考。《海底总动员》以少儿文艺表演的形式展示了一个别样的大讲堂。张慧老师自己担任主持人的角色，掌控整个讲堂的进程，及时处理与调控讲堂中的气氛。张慧老师生动有趣的导语、幽默风趣的串词，尽显主持风采。

3.3.3.3　技艺超群的非遗传承人

《戏说皮影戏》中的刘立志老师，俨然一个资深的皮影戏大师，专业而又认真地介绍中国皮影戏史，并在现场进行精彩的皮影戏表演。《走进珠算》的钟东平老师不仅向孩子们介绍了珠算在中国的发展历程，更是在现场展现了自己的珠算技能。在《剪纸》这个讲堂中，美术老师丁诚翰不仅展示了自己高超的剪纸技能，更是带领一群"徒弟"现场剪出了很多优秀的作品。在《古琴》这一讲堂中，音乐老师曾丹就带孩子们触摸古琴，认识古琴，了解古琴，曾丹老师现场的古琴演奏更是将大讲堂推到了高潮。孩子们就这样在一位位"非遗传承人"的专业引领下亲近非遗文化，立志传承非遗文化。

3.3.3.4　扮靓生活的资深玩家

美术老师黄溶华假期喜欢旅行，在讲堂上，她激情满满地带领学生"游览"《色彩紫禁城》：首先，迈进故宫大门，生动讲述"紫气东来""紫微星""以紫为贵"等相关典故，解说"紫禁城"名字的由来。接着是沿途欣赏配以故事讲述，重点介绍了紫禁城整体的建筑群的主色调——红色和黄色，这两种颜色让人感觉温暖、热烈、明亮、吉祥。最后，黄溶华老师和孩子们分享了自己旅行的"前期准备"和"后期整理"清单。就这样，资深玩家那满满的生活质感呈现在了讲堂上，让孩子们在潜移默化中受到启迪。《24点》先展现了资深玩家付春梅老师精湛的算牌技能，吊足了学生学此技能的胃口，再适时解疑授技，使学生受益无穷。在《踢毽子》的讲堂中，陈波老师出神入化的毽子表演不仅征服了讲堂中的学生，更是在全校掀起了一股"毽子风"。

4 校本课程 "学科文化大讲堂"介绍

校本课程是国家课程的一种补充，每个学校都可以好好利用，创建自己学校独特的校本课程，开办品质优秀的学校。砂子塘小学从2008年开始逐渐进行校本课程开发的建设。学校以学科文化为蓝本，开创学科知识文化大讲堂，到如今已有十多年的历史，共开设出300多堂优质的文化讲堂。正是在这样丰硕的实践成果上，学校开始重新梳理文化讲堂，并且不断地反思改进，以期开发出更为完整、更有体系的校本课程。

长沙市雨花区砂子塘小学创建于1963年，历经57年的发展历程。学校一直坚持"和孩子们一起成长"的理念，树立"办品质名校 做美雅老师 育儒雅学子"的办学目标，以"健、诚、乐、美"作为校训。作为湖南省基础教育课程改革样板校（以下简称"课改样板校"），基于对"健、诚、乐、美"学校文化的建构与思考，砂子塘小学确立了以打造多姿多彩的校本课程来丰富校园文化的总体发展思路。"学科文化大讲堂"便是砂子塘小学基于办学理念而建构的特色校本课程项目成果之一。

4.1 "学科文化大讲堂"的建设目标

校本课程"学科文化大讲堂"突破常规的课堂局限，引入学生成长需要的课外知识和学科文化，以老师、学生、家长一人或多人主讲为主，辅以互动实践，以达到引领学生广泛涉猎课外知识、自主萌发学习兴趣和探究欲望、传承学科文化的目的。课时长度以 20~30 分钟为宜，课时安排由主讲人不定期地利用学科课、课后社团活动以及课外时间开展。学科文化大讲堂旨在引领师生开拓视野，激活思维，引发探究，传承文化，是常规课堂的有益补充。

新课程改革给我们带来了无限教育创新与生命思考的机遇与平台，作为湖南省首批课改样板校，学校专注于满足学生成长的多样化和个性化需求，开发校本课程"学科文化大讲堂"，旨在从"健、诚、乐、美"核心理念出发，建构"健康的体魄""诚信的品格""乐学的精神""尚美的追求"并举的校园文化生态体系，达成指向"师生身心""精神品格""氛围环境""境界格局"学校文化整体发展的目标。

第一，构建学生"可探索、可拓展、可生长"的知识文化体系。

面对时代发展，学生成长中应具备多元的知识结构和开阔的视域。在新课程改革的理念下，学校开发能拓宽学生视野、促进学生发展的"学科文化大讲堂"校本课程，涵盖"生存教育""通识教育""文化浸润""知识生长点"等内容，补充和涵养学生终身发展所需，构建学生"可持续生成"的知识体系。

第二，老师"个性彰显、内涵延伸、自主自为"的专业发展途径。

本校本课程旨在形成以"学科文化大讲堂"为平台的老师专业成长新模式。对于大部分普通的一线老师来说，在年复一年的常规教学工作程序之下，他们容易产生"审美疲劳"；常规课堂的研讨由于研讨内容的局限性和固定性，也难以避免走入模式化，逐渐失去创造性和自主思考的空间，而帮助老师克服这些"高原反应"最好的方式就是搭建全新的、充满个性的研究平台，激发老师开发新课程的兴趣，在实践中发挥老师专业特长，在与同伴携手研究中感受自主专业追寻的乐趣，享受职业幸福感。

第三，营造学校"底蕴与内涵"和谐共生的新型校园文化。

拓展借助"学科文化大讲堂"推动校园品质课堂文化建设的新途径，研究其理论与实践的意义，形成具有推广价值的新型课程资源。本着"广泛涉猎课外知识、立体展示多元文化、自主萌发学习兴趣"的朴素思想，学校确立了由"品牌学校"向"品质学校"发展、建设富有底蕴与内涵的校园文化的目标。打开一扇窗，立足文化浸染，激发学生自主探究欲望；让老师专业成长拥有更多发展空间与自主性，打造和谐共生的新型校园文化。

4.2 "学科文化大讲堂"的建设内容

校本课程"学科文化大讲堂"内容建设，一般可从教材延伸、学生认知需求、师生生活实践、地方课程资源等方面来进行课程的内容建设和拓展。

4.2.1 "学科文化大讲堂"的内容分类

校本课程"学科文化大讲堂"是常规课堂的有益补充，经过十多年全校老师共同的研究，以及对开发出来的丰富多元的多学科大讲堂进行分析，发现内容选择的开放性、延展性、实用性和前瞻性在优秀的大讲堂课程开发中显得尤为重要。这些讲堂内容，涉及学科教学和学生通识教育的各个领域。"学科文化大讲堂"侧重于各个学科的特色，内容大致分类如表4所示。

表4 "学科文化大讲堂"内容大致分类

学科	系列内容	大讲堂题目
数学	体验游戏	《有趣的七巧板》《趣味故事连连看》《抢数游戏》《玩出名堂》《我们来找碴》《一笔画》《骑士巡游》《迷宫大探险》等
	数学知识	《美丽的数学语言》《数的起源》《美丽的分形》《趣谈长度单位》等
	数字奥秘	《斐波那契数列》《趣谈幻方》《读心术的秘密》《数字黑洞》等；《不可忽视的"0"》《有趣的"0"》《有趣的数字"7"》《神奇的"9"》等
	经典算法	《高斯算法》《黄金分割》《概率趣谈》《弦图》《高斯定律》《奇妙的数》《外星人也能看懂的图形》等

续表

学科	系列内容	大讲堂题目
数学	生活数学	《数学宝塔》《人民币的秘密》《汽车中的数学》《时间的旅程》《电话中的数学》《将军饮马》《神奇的幻方》等
	动物数学	《蜂巢的秘密》《有趣的跳蛙数学》《动物与数学》等
语文	经典导读	《快乐国学〈三字经〉解读》《〈时代广场的蟋蟀〉导读课》《宫崎骏电影赏析》《三十六计导读》《轻叩〈诗经〉的门扉》《〈恰同学少年〉分享会》《幸福的种子——儿童阅读》《狼的精神》等
	信仰文化	《月亮中的文化》《明月照我心》《龙的形象》《龙的文化》等
	中国文人	《岳麓书院与"朱张"》《马背诗人毛泽东》《走近孔子》《走近苏轼》《剑胆诗魂辛弃疾》等
	民俗风情	《漫谈长沙》《印象湘西》《感受端午文化》《精彩出"牌"》《谁不说俺家乡好》《赏灯射虎——话灯谜》等
	妙趣语言	《趣味歇后语》《小谈楹联》《西游人物与色彩性格》《甲骨文的故事》《美丽的汉字我的家》《趣谈拟人体童话》《快乐儿歌行》《神奇的标点符号》《牵手儿童诗，品味诗意生活》《姓名的秘密》《"名"不虚传》等
美术	中华传统美术	《中国传统吉祥画欣赏》《戏说陶瓷》《中国传统玩具》《色彩紫禁城》《京剧脸谱》等
思品	生活情理	《孝道》等
体育	中华传统体育	《长跑的魅力》《铁环滚滚》《舞龙》《跳绳》等
音乐	民族传统音乐	《中国民族民间舞蹈》《中国民族乐器》《了解京剧》《湖南民歌赏析》《中国民歌》等
英语	中西文化交融	*Halloween*、《趣游迪斯尼》、*English Name*、《品味西餐》、*Chocolate*、*Coffee and Tea*、《外来词》等

4.2.2 "学科文化大讲堂"的内容立意选择

大讲堂教学内容的选择开放而多元，但所有的内容都要围绕"健、诚、乐、美"的高远立意而开展。老师可以根据教学内容，进行课堂知识的延伸和拓展；可以结合个人所长，对相关知识点实施再学习与整合；可以关注时事，广泛涉猎热点话题；也可以贴近学生兴趣，关注社会知识。丰富多彩的内容选择，为大讲堂提出了高要求，需要老师本着"以学生为中心，为教材做补充"的原则，契合自己的专业特色，准确定位；再智慧思考，精挑细选，深思熟虑地选择讲堂内容，以实现引领、点拨与激活的教育目的。于是，寻根文化，沐浴传统；走近名人，学习品质；有趣探索，激越创新；艺术熏陶，陶冶情操；传递科学，创造生活等题材成为砂子塘小学讲堂的主旋律，魅力讲堂精彩绽放。

4.2.2.1 文化寻根

中国传统文化是中国人民在几千年的历史长河中积累的丰富的人生智慧，是我们宝贵的精神财富和精神家园。而目前，学生面临一个开放、多元的社会环境，他们在开阔眼界、了解世界的同时，也面对各种外来不良的思潮。因此，作为一个小学教育工作者，传播中华文化，义不容辞。于是，一批大讲堂走上了"中华民族传统文化寻根之旅"，唱响了讲堂文化颂歌。

《古文字趣谈》从古老的碑文中追根溯源，解读中国文字的起源与发展，学生被中国文字独特的内蕴沁润、感染。《小谈楹联》让学生浸润在对联文化中，品味中华民族文化瑰宝，用心灵去体悟楹联里的中国。《岳麓书院与"朱张"》从岳麓书院的文化渊源说到大学问家朱熹、理学家张轼，引经据典，旁征博引，让学生感受千年学府浓厚的文化气息，享受着作为一个湖南人的自豪，为学生开启了一扇湖湘文化之窗。《轻叩〈诗经〉的门扉》，内容是我国文学的源头——《诗经》，它穿越了西周到春秋长达500年的岁月风尘，在历史的长河中缓缓流淌。305首诗歌，305个故事，305种心情，拂去了历史的烟尘，幻化出万千风情，或是浅吟低唱，或是钟鼓齐鸣，颂声煌煌，歌声悠扬。面对《诗经》浩瀚的海洋，老师从容不迫，选取其中脍炙人口的名诗名句重点点评，深入拓展。诗中成语的锤炼，更是讲堂点睛之笔，让学生品味古人智慧，感悟《诗经》的影响力，恰到好处地引领学生轻叩《诗经》的门扉。

《甲骨文的故事》《美丽的汉字我的家》《对子歌》《快乐国学〈三字经〉解读》《轻叩〈诗经〉的门扉》等大讲堂为学生开创了五彩的诵读天地，学生们走进了中华古典诗文，开始了与诗文的对话。有了"天行健，君子以自强不息"的中华民族志向，有了"欲穷千里目，更上一层楼"的博大胸怀，有了"先天下之忧而忧，后天下之乐而乐"的忧国忧民的情怀，有了"吾将上下而求索"矢志不渝的探索精神，学生传承了中华文化的精髓，心灵受到了洗礼与震撼。

4.2.2.2　名人启志

无论时代如何变迁，在学生的成长教育中，品质的培养永远是最重要的，也是永远需要榜样的。而名人身上所具备的内在力量、品格与个性，正好可以成为孩子成长的强大内驱力。师法名人，可以培养孩子高贵的品质；感受名人，可以激发孩子无尽的精神力量。因此，我们不难发现，小学课本里的名人故事对学生是有很大吸引力的。然而，课堂的局限性并不能让他们全面、系统地了解名人。

比如，张琼、李艳、李朝老师合作的大讲堂《走近苏轼》，借用文学天才苏轼的妙笔轻叩小学生的心灵之窗。从天才少年苏轼起笔，凸显苏轼少年的心性和扎实的文学功底，激发孩子们学习的愿望与激情。赏析苏轼的诗词作品，体验苏轼的才情，感受苏词的精妙与奔放。而对苏轼生活情怀的介绍，向学生展示了一个在昏黑的天地间保持独立，始终开朗、宽容、豁达的苏轼。意会"人生如梦，一尊还酹江月"，正是苏轼经历风雨后的坦然，是他真情的告白。《走近苏轼》当然不可能让年幼的孩子们完全懂得苏轼，但已经为孩子们打开了一扇通向苏轼、通向文学的窗扉。

而《走近孔子》《走近苏轼》《走近鲁迅》《马背诗人毛泽东》《剑胆诗魂辛弃疾》《李白》等名人讲堂的系列展演，为学生绘制出璀璨的名人画卷。这里有影响社会潮流的思想巨擘，有运筹帷幄的政治领袖，有光照千秋的文坛泰斗，有升华人类灵魂的艺术巨匠，有叱咤风云的传世英雄。孩子们走近名人，感受他们的高尚品德，感受他们永恒的精神力量，在不知不觉中，重塑自身的精神内涵，使自己的意志更坚强，品德更高尚，思想更出众。

4.2.2.3　智慧挑战

真正的教育就是启发智慧，经过训练的智慧乃是启动了力量的源泉，大讲堂也可以成为培养学生探索精神、训练智慧的驿站。在大讲堂中，给学生创设足以驰骋思维的空间，学生在热情参与中积极思考、主动探索，智慧之花得以绽放。

《有趣的七巧板》《美丽的数学语言》《激起创作的火花》《黄金分割》《趣谈幻方》《抢数游戏》《汽车中的数学》《时间的旅程》《弦图》《二进制》等讲堂都闪烁着智慧的光芒，以极强的探索力吸引着学生，学生的思维状态受到不同程度的激活，学生的创新意识得到不同程度的提升。

如李婷老师的《蜂巢的秘密》，让学生在实践与思考间、数学问题与动物世界间，快乐穿梭，快乐探索。老师通过蜂巢，引领学生在用心看、动手折、动脑猜的过程中，探索六边形的奥秘，从六边形的边、角、结构特点，到六边形蜂巢的建设原理及蜂群的工作方式，既紧扣教材又高于教材，知识的广度、深度以及趣味性得到很好的拓展。在思考与探索中，孩子们的观察能力和思维能力得到了很好的培养。

4.2.2.4　艺术熏陶

艺术熏陶可以提高一个人的内涵，可以使人知道怎样在生活中探寻美、欣赏美，也可以修身养性，提高自身的素质。艺术教育则给人提供一种良好的情绪状态、精神状态、生命状态。基于此，综合学科的大讲堂就犹如盛开的艺术之花，诸如《中国传统吉祥画欣赏》《戏说陶瓷》《中国民族乐器》《中国民族民间舞蹈》《中国传统玩具》《钢琴文化》《我有我的色彩》《京剧脸谱》等以美辅德，以美启智，以美健心，陶冶情操。

例如，美术老师杨萍的大讲堂《脸"色"》以京剧脸谱为讲堂题材，大胆创新，"弃其形，抛其线，而独取其色"，借助颜色的夸张掀起极强的视觉效果，让学生兴趣盎然地"看脸谱、辨颜色"，触摸京剧脸谱艺术，感悟京剧文化的魅力。杨萍老师紧扣"主色"进行视觉冲击，带领学生领略京剧脸谱中艺术夸张的、强调的手法，使得学生对颜色的具体认识一次次上升到剧中人物性格、心理状态的抽象感知状态。师生在热情洋溢中赏脸谱，辨性格。借助颜色，学生领略了京剧脸谱艺术高度概括和舞台描述的魅力，体验视觉审美的丰富多彩。

4.2.2.5　科学探索

科学不仅改变了这个世界，也改变了我们的生活，更能培养学生一种格物致知和严谨思考的思维方式。我们每个人都要学习科学，传播文明，在享受新生活的同时，更要创造新生活。我们的孩子更应该人人爱科学、学科学，以知识、以科学担起新世纪的重担。《食品安全，健康的守护神》《做网络安全小卫士》《关注生命安全》《黑客来了，我不怕》《我的身体》《地震、报警和逃生》《我们的身体之血液循环系统》等讲堂开启了学生的科学智慧。

比如，江艳军老师的科学大讲堂《我们的身体之血液循环系统》，是课内知识的补充与延伸，有助于学生加深对人体心脏功能的了解，对自己身体结构的了解。在学习本课知识的同时，注重培养学生的健康生活理念，养成良好的生活习惯，使学生健康地成长。在大讲堂上，江老师在简单介绍了血液循环系统的概念和发现历史后，重点讲述了心血管系统的结构。用直观、清晰的多媒体视频展示，简洁、精练的语言描述，让孩子们看清且理清心脏内部的构造。同时，江老师在介绍心脏结构的环节上，穿插健康教育，分析了一个真实的案例：饮食上的不注意会造成心脏工作的负担，产生各种心血管疾病，严重时甚至会危及生命。这个案例让学生真切感受这部分内容的真实性。心脏是一个比较脆弱的器官，保护心脏就是保护我们的生命，我们必须要养成良好的生活习惯，保证我们的心脏正常工作。

江老师接着简单明了地介绍了血管的构造和血液的组成。通过播放一个个动画视频，让孩子们感受体循环和肺循环。虽然其中的原理对孩子们来说有很大的难度，但是这种简单的展示可以让学生形成一个比较完整、系统的思维。课时的最后，江老师把更多的时间留给了学生自己思考："我们该怎样保护并增强我们的血液循环系统？"这更大程度地激发学生的思想空间，让所学知识与真实的生活实际结合起来，也让学生对未来生物学科的学习充满了兴趣，并在学生心中种下了热爱科学探究的种子。

4.3 "学科文化大讲堂"的形式创意

"学科文化大讲堂"也因多种形式的创意而更能展现老师的个性与智慧，从而深受学生们的欢迎。

4.3.1 "学科文化大讲堂"的形式分类

讲述式讲堂形式。即一人为"堂主"，从头到尾均为老师讲述。这种形式如同央视《百家讲坛》节目，学生选择静静聆听、思维跟随即可。如《轻叩〈诗经〉的门扉》讲堂中的邹甜老师，从诗经中诗的"双声、叠韵"，到出自诗中的成语，再阐述典型诗的意境，或美丽，或悲情，或嘲讽，或歌颂，娓娓道来，学生无须口头回答问题，可30分钟下来，全场静寂无声，学生双眼炯炯有神，思维与课堂同步律动，似乎穿越到了两千多年前，体会着诗中的意蕴，久久不愿离去。

交互式讲堂形式。即"以讲为主，兼顾互动"的讲堂形式。在讲的过程中注重调动学生的积极性，吸引学生主动参与。如在《汽车中的数学》《斐波那契数列》大讲堂中，老师在讲解完一个知识点后，迅速让学生操作：每人手中一个计算器，将需要研究的数据快速核算。学生始终处于动脑动手的亢奋状态，可以主动思考和探求，讲堂效果非常好。

活动式讲堂形式。活动式讲堂以学生的体验活动为主，深受学生欢迎。比如，在《铁环滚滚》大讲堂中，师生共同挑战"外套式"铁环和"内嵌式"铁环的最高极限，师生一起活跃于讲堂，掌声不断；在《快乐儿歌行》大讲堂中，孩子们在老师的带领下玩起了"丢手绢"，唱起了《拍手歌》，个个兴奋不已；更有意思的是有的讲堂里还玩起了魔术。这样活泼的讲堂形式，孩子们喜欢，久听不厌。讲堂特有的味道就在学生津津有味后戛然而止，留给孩子更多思考与探索的空间。

4.3.2 "学科文化大讲堂"形式的创意原则

深受广大学生喜爱，是"学科文化大讲堂"最具有魅力的优势所在。在创作大讲堂时，如何让讲堂内容深受学生喜爱？在实践研究中，我们总结归纳出几个形式创意原则，即老师应该把握好以下几个尺度：

情境的诱人度。在选定适合大讲堂的内容后，要尽最大可能去吸引孩子，让学生不由自主地走进来，情境的设置很符合小学生的心理特征，所以情境的诱人度对于大讲堂来说，激趣与启动情志方面的要求更高。

活动的刺激度。在数学大讲堂《汽车中的数学》中，孩子们通过多媒体感受"最快的汽车"那种风驰电掣的速度；在《神奇的莫比乌斯带》大讲堂中，孩子们身在教室，却能跟着镜头一起感受具有莫比乌斯带原理的过山车的刺激与惊险，他们迫不及待地想揭开谜底，对数学充满了好奇！数学大讲堂没有常规数学的教学目标驱动，因此活动设计更加开放，更富有创意，老师可以充分发挥自己的想象力，设计的活动极受学生的欢迎，数学知识的学习也水到渠成。

自主的参与度。教育学中有"动中学"的理念："你演示的，我基本能理解；你让我参与的，我就能掌握。"让学生能理解、把握，就是要想方设法让学生们参与进来。大讲堂是给学生的大餐，不是为了满足老师的表现欲，老师要与学生携手共进。大讲堂虽以讲授知识、传递文化为主，但它的呈现方式却是由相关的活动来承载的，让学生在活动、互动、体验中，全程、全员、主动、真实地参与。这种参与既有肢体行为，如在《寻找一一对应》大讲堂中，全体学生在运用扑克牌变魔术的过程中了解一一对应的关系，也有思维的跟随和律动。而这种参与，大讲堂更关注学生参与过程中的体验和建构的生成，而不是结果。这样才能既有"预设的精彩"，又产生"不曾预设的精彩"。

训练的扎实度。虽然大讲堂的内容与文化选择更为宽泛，但通过老师的反馈与互动，还是应该让所讲内容的广度、深度、效度都得以层层深入、一一落实，真正让学生学有所获，记忆深刻。这样，大讲堂就不仅能为学生学习引趣，还能为进一步研究问题提供方法与途径。

4.3.3 "学科文化大讲堂"形式的创意策略

作为常规课堂的有益补充，大讲堂沿用了一些常规课堂的元素，但也与常规课堂有着许多不同。如何把握好这两者的区别，充分发挥好校本课程的辅助功能？我们在十多年的研讨中，也初步分析思考出几种策略：

情感激发策略。大讲堂应该让学生的情感得到更自主的激发。大讲堂所讲的内容具有文化的元素，存在老师智慧的积淀和迁移，能最大限度地触动学生的情感，让学生感受学科魅力，充分调动起学生深入研究的欲望。比如，从选材上来说，经过实践和多次试错，我们发现，并不是所有的知识都能放到讲堂中来，选作讲堂的内容必定是贴近生活、学生需要的，有深度、有广度、有温度的，这些内容经过老师们的甄选，存在着力量与潜能，能拨动人的心弦；从表现方式上来说，问题的引领、思考的空间、媒体营造的氛围，这些生动的传达能让学生心情一起一伏，有落差，有张力。因此，新的课堂评价标准形成了：学生究竟掌握了多少不是最重要的，重要的是讲堂的内容能有效地与学生交融，引起情感共鸣，激荡在学生心里。

视域拓展策略。大讲堂视域的拓展胜于知识的掌握。三年来，大讲堂在呈现形式上做了一些有益的探索。讲堂形式多样，师生互动方式也有"探讨式""引领式""介绍式（讲述式）"多种形式，这些都是成功的。但是无论何种内容与形式，它都不是严格意义上的知识传授。讲堂特有的味道就在于学生津津有味后的戛然而止，就在于对于学科文化惊鸿一瞥后的欲罢不能。留白，是老师留给学生思考与探索的空间。在讲堂中，视域的拓展胜于知识的掌握。

演绎感染策略。大讲堂的内容表达要适用于小学生的认知能力，因而老师执教讲堂时演绎的比重应该增加。大讲堂也关注学生的生成，但它比常规课堂要更精巧、更具震撼力一些，多媒体辅助带来的视听冲击、老师语言的一气呵成，这些都成为学生享受学习的一道文化大餐。自身教学魅力与风格，也能成就大讲堂，感染力、神情、特色的表达能很大程度影响讲堂的效果。因此，这对老师的个人素质提出了更高的要求，而大讲堂也成为老师发挥自己优势、寻求专业新发展的新平台。

4.4　"学科文化大讲堂"的制度保障

校本教材开发的自主化是创立特色学校的必由之路，是老师素质提高的一个重要平台，也是促进学生发展的重要途径，而校本教材开发制度建设又是校本教材开发的基础。为了保障"学科文化大讲堂"顺利开展，砂子塘小学建立了相应的研讨制度和激励制度。

4.4.1 建立大讲堂建设制度，强化校级课程建构

校长是第一责任人，引领课程发展方向。校长负责抓大讲堂研讨，制定校本教材的开发制度，指导学校教务与教材的开发等机构制定大讲堂计划，发动全体老师积极参与大讲堂研讨，督促和评价学校大讲堂研讨。

校级领导带头学习，夯实教学研究过程和效果；参与教学研究，举办专题讲座，向老师介绍大讲堂特色的研究方法，指导各部门开展大讲堂研讨，成为老师的真诚同伴和专业引领的力量之一；开展课题研究；亲自参与大讲堂研讨活动，及时了解研究动态，发现问题，修订研究计划；充分挖掘校内教育资源，整合教材的开发、教导等机构的大讲堂研讨力量，形成教学、研讨、培训为一体的大讲堂研讨机制。

学校按计划确保大讲堂研讨经费到位，供购买资料、派老师外出学习培训、请专家讲课及其他校本教材的开发活动，保证校本教材开发的顺利进行。

4.4.2 建立大讲堂研发制度，倡导团队互助管理

大讲堂的研讨强调老师在自我反思的同时，以开放共建、合作共赢的心态，形成相互交流经验、相互切磋心得的研究团队，在同伴的互动中分享经验，互相学习，彼此支持，共同成长。同伴是大讲堂研讨的基本组织形式，是校本研究的标志和灵魂。学校的同伴互助策略体现在三个层面上，即交流、协作、帮助。

交流。老师通过各种平台和方式的交流对话，实现了从浅层次交流向深层次交流的转变，这个过程是最具有生成性和建设性的，将碰撞出很多有价值的新见解。专题讨论是老师在一起围绕某个问题畅所欲言，提出各自的意见和看法。在有效的讨论中，每个老师都能获得单独学习所得不到的东西。在学校里，"大讲堂聊天"是被大家认同的交流形式，即老师将自己在大讲堂实践中产生的想法和遇到的困难说出来，其他老师帮助其想办法，共同克服困难或分享经验。在交流中，老师各自

的聪明才智得到了发挥，在不断地思维碰撞中产生了新火花，聊天聊出了研讨积极性，聊天聊出了新点子。在大讲堂的研讨中，我们尤其注意对不同思想、不同观念、不同行为的支持，这样有助于培植学术对话和学术批评的文化，营造一个老师内部自由争论的气氛。

协作。协作是指老师及学会组团队共同承担责任，完成某项任务。在课程教学过程中，往往要求许多老师共同承担研究课题，或者他们具有相同或相似的困惑和问题，这样就组织成为协作的团队。在协作中要发挥每个老师的兴趣爱好和个性特长，使老师在互补共生中成长，同时也要发挥每个老师的作用，每个老师都要贡献自己的力量，彼此在互动、合作中成长。

帮助。在老师队伍中，总有一些老师有着这样或那样的专长，也存在许多经验丰富的老师，他们可以作为相互交流中的核心人物，承担起帮助和指导其他老师的任务，使其尽快适应角色和环境的要求。例如，现在学校中的骨干老师、学科带头人是老师中德才兼备的优秀人才，是老师队伍的核心和中坚力量，要让他们在同伴互助中发挥积极作用。

同伴互助的形式主要有六种。一是集体备课。同组的学科老师共同商议主题、听课，课后再进行集体商议，反思原教学设计与实际效果的差距，重新设计教学方案，再实践，直到达到满意的效果。二是结队帮扶。教学经验丰富、教学成绩突出、具有示范带头作用的老师与新老师采取结队帮扶、主管领导跟踪大讲堂主题听课等形式进行指导，发挥传帮带的作用。三是信息交换。老师通过信息发布、读书汇报会等形式，彼此交换信息，扩大信息量，提高认识。四是经验交流。在教学实践过程中，借鉴他人的成功经验，是解决同类问题的一条捷径。老师通过经验交流会的形式做到经验共享。五是专题研讨。老师围绕大讲堂实践中普遍存在的问题畅所欲言，提出各自的意见和看法，丰富彼此的思想，共同提高对问题的认识。六是网上对话。老师通过上网与同事、专家交流、讨论，利用现代化的方式获取大量的教育信息，为己所用。

总之，同伴互助的研讨氛围以制度和学校研讨的方式不断积淀。大讲堂研讨工作克服了以往老师各自为战或孤立无助的不足，形成了群策群力、优势互补、互动共生的良好态势。集体合作研讨能改善老师之间的关系，营造一种研究的氛围，构建一种研究的文化，创建一种共同的职业生活方式。老师们尝到了集体合作研讨的甜头，感悟到了集体研讨的乐趣，参与集体研讨就会成为一种自觉的行为。

4.4.3　建立大讲堂研讨制度，提升质量专业精进

专业引领制度是以校为本的教材开发制度的重要组成部分，是校本教材开发可持续发展的关键。开展校本教材的开发决不排斥校内外的专业支持，应有古为今用、洋为中用的精神，取人之长，补己之短。没有专业的引领，老师的研究很难上升到一定的高度，或者至少耗费比较多的时间。除老师个人的学习钻研之外，我们还从以下三个方面给老师提供学习机会。

校内。开展新老老师传帮带活动。一是采用新老结对的方式，要求年级组经验型、成熟型老师做好带头作用，青年老师全面学习老老师的优秀经验和敬业精神；二是成立校学科大讲堂指导组，校长任大讲堂指导组组长，书记与副校长任副组长，下设语文、数学、英语、音乐、体育、科学等学科指导小组，全面负责各学科的大讲堂指导工作。

校外。课程研究采用"走出去、请进来"的双效机制。"走出去"，一是有计划地安排老师外出学习，尤其是青年老师，在政策上要给予其倾斜，如对于一些优秀青年老师，让其出去参加几个月的脱产学习，让他们接受高层次、全方位的系统培训，促使他们尽快成长；二是给青年老师搭建一个展示锻炼的舞台，让他们在一些大型研讨会上展露风采等。"请进来"，即学校邀请区教育局、区教材的开发室的领导、老师、教材的开发员进行指导，或邀请省内外的各级专家、特级老师来校做讲座。

学校承办各类老师培训、教材的开发活动。要求老师空课时间主动参与各项活动，聆听各位专家们的报告，努力提升自己的业务素养与理论素养。

4.4.4　建立大讲堂反思制度，促进老师思考内化

在反思中探索。古人云："学起于思，思起于疑。""疑者，觉悟之机也。""小

疑则小进，大疑则大进。"可见"疑"为"思"之先导，"思"为"疑"之延伸。"疑"就是老师在教学中的疑问，老师思考教学中存在的问题，而"思""疑"都是老师教学经验的提升，老师自身素质的提高。

"学科文化大讲堂"提倡的自我反思不是一般意义上的"回顾"，而是反省、思考、探索和解决大讲堂教学过程中存在的各方面问题，具有研究性质。一是在大讲堂实践之前的反思：这时候的反思往往是一种预设性的反思，通过这种前瞻性的反思，老师的教学行为更为有效。通过预测和分析，老师的教学成为一种自觉的研究性实践活动。二是在大讲堂教学过程中的反思，即在大讲堂的开展过程中，进行及时的反思，处理随时出现的各种问题。教学过程中的老师自我反思具有监控性和即时性的特点，能使大讲堂更符合学生的需求，对于老师的及时调控和应变能力是一个发展的起点。有效的过程性反思，首先需要老师有较强的自我反思意识，同时还需要具备一定的教学调控能力和较扎实的教学功底。为保证大讲堂的有效进行，我们大力倡导老师加强过程性反思。三是在大讲堂开讲后的反思：在大讲堂展示研讨结束之后，老师及时并有效地回顾自己的实践活动，剖析反思自己创作的大讲堂，这样可以提高老师的教学总结能力和评价能力，提高反思水平。通过自我反思，老师能逐步成长为反思型老师。

在大讲堂的开展过程中，我们要求老师写好教后记、听课随笔，定期进行反思交流活动。比如，在大讲堂开展之初，由于老师对这个"大讲堂"的概念界定理解模糊，对大讲堂定位把握不准，大讲堂在开展过程中出现了一些偏颇，老师们也充分注意到了这些问题，并对此进行了深刻的反思，如大讲堂内容的取舍、展现方法的探讨、授课老师的讲述方法、师生互动的探讨等等。我们先后组织了多次老师反思交流活动，大家通过列举自己或同伴在大讲堂实践过程中的问题，剖析问题出现的原因，提出改进的设想，并将交流成果运用于下一次大讲堂实践之中进行验证。

在大讲堂的创作过程中，主讲老师的亲身实践、反思、磨课是难得的第一手资料，有利于从中捕捉有价值的研究问题。因此，大讲堂的主讲老师应勤于动笔，及时积累、整理，并根据学生的需求将问题提炼为课题，做好研究记录，提升研究成果，不要让研究的成果昙花一现。让我们每位主讲老师都能在春天播下希望的种子，在夏天绽放生命的美丽，在秋季收获丰硕的果实，在冬日品味人生的甘甜。

4.4.5　建立大讲堂激励制度，激发老师内驱动力

鼓励老师积极进行大讲堂研究。以精神及专业提升的激励手段，调动老师大讲堂教材开发的积极性，在全校形成"人人参与，时时研讨"的大讲堂研究浓厚氛围，定期奖励教学研究成果，肯定老师的探索与进步。

鼓励老师撰写大讲堂教学论文。学校成立教学论文评选小组，成员为校长、教导主任、语数组长及骨干老师，每学期至少进行一次论文评选活动。学校对获奖论文施行奖励。

建立表扬激励措施。对在大讲堂教材的开发活动中表现突出的老师个人，提出表扬。

外出巡讲。最好的奖励是对大讲堂主讲老师个人努力过程和荣誉的肯定。学校采取大讲堂巡讲制度，选送优秀的大讲堂外出巡讲，在其他校区、其他学校、区、市等平台上进行展示。

"学科文化大讲堂"的制度保障的建设，使我们普遍感受到，大讲堂制度能帮助老师实现从大讲堂理念到大讲堂课堂教学行为的有机转化，激发老师的潜能，促进老师的专业发展和学校的可持续发展。大讲堂实践也让我们充分体会到一所生机勃勃的学校，其治校的基本原理就是鼓励一切个体在一切可能的专业方向上进行探索，"学科文化大讲堂"就是一个特定的方向。我们将继续锁定"学科文化大讲堂"，聚焦大讲堂制度建设，努力探索出"学科文化大讲堂"的成功之路，建立老师专业引领制度，让大讲堂教学活动成为一种真正的专业性、创新性活动。

案例编

ANLIBIAN

小谈楹联

授课讲师

　　刘佳媛，小学语文高级教师，从教 24 年。参与研究国家、省、市级课题 10 个，其中国家"十三五"规划重点课题《加强图书馆建设，提升学生阅读素养》获湖南省一等奖，《小学语文 CAI 的教学辅助与研究》《青年老师专业成长的策略与研究》获长沙市一等奖。43 篇论文获奖。获长沙市"青年岗位能手""课题研究积极分子"等称号。

正文讲稿

一、导联

　　同学们好！今天老师想跟大家聊聊楹联（对联）。

　　大家知道，我们中华民族历史悠久，文化源远流长。唐诗、宋词、元曲都如同璀璨的明珠熠熠生辉，而对联呢，则是其中雅俗共赏的一朵奇葩。我们这个古老的民族有张贴春联的习俗，从古至今有一千多年的历史了。说到这，我不得不说说我的父亲，文化程度不高的他对写对联却情有独钟。

　　父亲说他小的时候，村子里过年就时兴每家每户贴春联。有一年，父亲请人写完对联往墙上一贴，就念了起来："无限春光年年好；不尽财源滚来。"他发现下联中掉了一个"滚"字，于是就叫那位写对联的人过来看看。那人看了后不屑一顾地说："掉了一个'滚'字，加上就是了。"父亲很生气，因为少一个字会让对联不工整。于是他下定决心努力学习对联知识，自己试着写对联。我小时候还常常帮父亲磨墨、洗笔、裁纸呢。每次做这些，我都觉得特别神圣。

二、解联

今天在大讲堂的封页上有"楹联"两个字。那什么是楹联？楹联有什么特点呢？

其实这个"楹"是指古代庭堂中的柱子，而上下联就贴在这楹柱子上，或者刻在楹柱子上，所以叫"楹联"，俗称"对子"。那它为什么又叫"对联"呢？

第一，上联和下联的字数相等；第二，上下联依次对应的词语在内容上相关、相对或相反，而且词性相同；第三，上下联依次对应的词语在读音上平仄相对。

平仄又是什么呢？平就是我们普通话里的第一声和第二声，仄就是普通话中的第三声和第四声。

就拿我父亲写的一副春联来说吧：

上联：一帆风顺年年好；

下联：万事如意步步高。

"一帆风顺""万事如意"都代表一种祝福，"年年""步步"是数量词，"好""高"是形容词。"一""帆""年"声平，"万""事""好"声仄，平仄相对，朗朗上口。

归述成十六个字秘诀：字数相等、对仗工整、讲究音韵、内容相关。

三、对联

深入分析以后，我们会发现对联并不像想象中的那么难。以一个字说起，从"红"对"黑"、"来"对"往"、"涨"对"落"来看，这些对应的词语都是"相反"的意思。

汉语当中最奇妙的是有些成语可以分成前后两部分，内容是对应的。比如：

"横七"对"竖八"，"风和"对"日丽"，"秋高"对"气爽"，"鸟语"对"花香"，"风狂"对"雨骤"，"风调"对"雨顺"，"顶天"对"立地"，"柳暗"对"花明"。

看看两个字以上的：

"蚕吐丝"对"蜂酿蜜"，"鸡觅食"对"鸭戏水"，"山间竹笋"对"墙上芦苇""空中喜鹊"，"艳阳照大地"对"春色满人间""黄莺鸣翠柳"，"北京迎来奥运"对"中国获得金牌"。

四、赏联

同学们，一切景语皆情语！我国古代一些文人志士在不同的情况下为我们留下了大量的立意精巧的楹联，让我们一起来欣赏欣赏吧！

上联：死！

下联：生！

这是短联，上下联都是一个字，传说这副对联是有人在 1931 年"九一八"事变后写的。当时中国人民面对日寇的屠刀，宁愿站着死，绝不跪着生，誓死都不做亡国奴，要与日寇战斗到底的气概跃然纸上。虽然只有两个字，但是啊！字字千钧！

上联：

五百里滇池，奔来眼底。披襟岸帻，喜茫茫空阔无边。看东骧神骏，西翥灵仪，北走蜿蜒，南翔缟素。高人韵士，何妨选胜登临。趁蟹屿螺洲，梳裹就风鬟雾鬓；更苹天苇地，点缀些翠羽丹霞。莫孤负：四围香稻，万顷晴沙，九夏芙蓉，三春杨柳。

下联：

数千年往事，注到心头。把酒凌虚，叹滚滚英雄谁在？想汉习楼船，唐标铁柱，宋挥玉斧，元跨革囊。伟烈丰功，费尽移山心力。尽珠帘画

栋，卷不及暮雨朝云；便断碣残碑，都付与苍烟落照。只赢得：几杵疏
钟，半江渔火，两行秋雁，一枕清霜。

　　有短的，就有长的。这是清代名士孙髯所作的长达 180 字的对联，就垂挂在昆
明大观园楼临水一面的门柱两侧，号称"古今第一长联"。如果你有机会到那儿，
一定得去感悟这中华民族文化的精髓。

　　我们再来看看这副对联，它又有什么特点呢？

　　　　上联：上海自来水来自海上；

　　　　下联：山西悬空寺空悬西山。

　　不难发现，这副对联叫回文联，其颠过来倒过去都可以读，结果完全一样。中
国文字带给我们的是怎样的惊奇呀！

　　看了上海、山西的，再来瞧瞧我们长沙、常德的顶针联。

　　　　上联：长沙沙水水无沙；

　　　　下联：常德德山山有德。

　　"长沙沙水"即"白沙井水"。白沙古井用几百年甘甜的"乳汁"哺育了长沙
一方百姓。这井里的水清澈无比，用它沏茶是味浓香醇。长沙名酒"白沙液"用
的就是这儿的水呢。古时候，在井旁还有一座龙王庙，这副对联就挂在庙门前。

　　下面这副对联更有意思，把数学用到了极致。乾隆五十年，皇帝在乾清宫召开
千叟大宴，赴宴人数将近四千人，其中一位老人有 141 岁。宴上，乾隆皇帝拟出上
联，命纪晓岚对联。

　　　　上联：花甲重逢，外加三七岁月；

　　　　下联：古稀双庆，更多一度春秋。

　　上联中的"花甲重逢"即两个花甲，为 120 岁，加上"三七"即三七为 21，
共 141 岁。纪晓岚才思敏捷，片刻即对出了下联。"古稀双庆"即两个古稀为 140
岁，加上"一度"即 1 年，共 141 岁。至此，这副对联家喻户晓，这个故事也被传

为一段佳话。

接下来这副对联悬挂在东林书院的依庸堂里，是顾宪成早年撰写的一副叠字联。他想勉励我们读书人也要学会关心校外事、国家事、天下事。

上联：风声雨声读书声声声入耳；

下联：家事国事天下事事事关心。

2008年奥运年，我们学校就结合奥运进行了许多主题活动，"我爱奥运主题演讲""奥运五环大串联""班级奥运小报""彩绘文化衫""火炬大传递"等。这些活动让我们的同学也真真切切地关注奥运，参与奥运，而不是"两耳不闻窗外事，一心只读圣贤书"呀！这样才是更有意义的。我们一起来读读这副对联吧。

上联：全球迎奥运；

下联：健儿展雄姿。

瞧，这副对联书写有力，英姿勃发。

在对联中，标点也是不容忽视的，有时候还因此闹出了许多笑话呢。

从前有个财主，他打算开个酒店，就出了三分银子征求新店对联。有个秀才去应征。财主说："对联要称赞我的酒好、醋酸、猪肥、人丁旺，店里又没有老鼠。"那个秀才大笔一挥，很快就写成了：

上联：养猪大如山，老鼠头头死；

下联：酿酒缸缸好，造醋坛坛酸。

横批：人多、病少、财富。

秀才写完之后，摇头晃脑地把对联念成："养猪大如山老鼠，头头死；酿酒缸缸好造醋，坛坛酸。人多病，少财富。"

同学们，上面我讲到的这些对联于整个中国五千年文化而言，只是沧海一粟。其实生活处处皆学问，只要我们睁大智慧的眼睛去观察，用心去思考，就会有更大的收获。

岳麓书院与"朱张"

**授课讲师**

　　杨松林，小学心理与健康骨干教师，从事小学语文教育及研究30年，获雨花区行政赛课"特等奖"。参与4个省、市级课题研究，独立主持省"十三五"家庭教育重点课题。40篇教育教学论文获奖。参与编写了《美育》《古诗文学堂》《晨读十分钟》《古诗文阅读》《小学语文CAI教学论》等专著。获长沙市雨花区"优秀教师""优秀教育工作者""优秀共产党员"，长沙市"十佳德育工作标兵""教育科研先进个人""优秀家庭教育讲师"，以及湖南省"少先队优秀辅导员"等荣誉称号。

正文讲稿

一、导语

　　在岳麓山脚下、爱晚亭的前面，有一所古代高等学府，它就是岳麓书院。现在，我们就一起走进这所古代高等学府去看看。

　　走进岳麓书院之前，我们首先要了解一下中国古代四大书院：江西白鹿洞书院、河南嵩阳书院、河南应天府书院、湖南岳麓书院。到今天为止，保存最完好、国内历史最悠久、规模最大的古代书院，就是我们湖南长沙的岳麓书院。

二、概说岳麓书院

岳麓书院因建在岳麓山脚下而得名，前面是湘江，后面是岳麓山，环境幽雅。文化学者余秋雨先生写了一本书《山居笔记》，里面有篇文章，题目是《千年庭院》，秋雨先生笔下的"千年庭院"指的就是岳麓书院。那么，是谁创办了这样一所古代的高等学府呢？传说岳麓书院的前身在五代十国的时候就有了，而岳麓书院正式创办，是在北宋开宝九年，即公元976年，由北宋一个叫朱洞的潭州太守在僧人办学的基础上正式创立的，至今千余年。

1. 山长名称由来

我们说岳麓书院享有"古代高等学府"的美誉，那书院就应该有院长了。但岳麓书院古时不是院长制，也不是校长制，其负责人叫"山长"，这个称呼很有意思，野趣十足，正好与书院所在的环境相对应。南宋时期，长沙还是边陲之地，远远没有现在这样繁荣。另外，由这个称呼可以看出，岳麓书院要显示自己的地位和影响，可以通过讲学、会讲、论坛等学术交流方式，使书院的名声传播开来啊！因此，"山长"这个称呼，既幽默自在，也有点谦虚。

讲到山长，从北宋开始一直到清朝末年，一共有58任山长先后在岳麓书院主持工作。这些山长，多是当时著名的学者或教育家。今天，我们去参观岳麓书院，远远地就看到大门的上方悬挂着一块匾额，匾额上面写着"岳麓书院"。这四个大字就是北宋真宗皇帝赵恒在公元1015年的时候，召见岳麓书院的第一任山长周式时御赐的，也就是宋真宗亲笔题写的，不过我们现在看到的不是原来的那块匾。从那个时候开始，"岳麓书院"这个称呼就名闻天下，当然前来求学的人也就络绎不绝了。

2. 主要名人

岳麓书院经历宋、元、明、清四个朝代，绵延千余年，从书院里走出了一大批著名的学生，清朝的哲学大师王夫之、理财大师陶澍、思想家魏源、军事家左宗棠、政治家曾国藩、外交家郭嵩焘、维新运动领袖唐才常等，民国时期的熊希龄、蔡锷等，都是从这所古老的书院走出来的。电视剧《恰同学少年》里面出现的黎锦熙、杨昌济等也是从这所古老的书院走出来的。因此，书院大门口的那副对联"惟楚有材，于斯为盛"，把岳麓书院写绝了——它把岳麓书院描绘成天下英才荟萃之地。

三、"朱张"其人

刚才说到，岳麓书院走出了一大批著名的学生，仅清朝的就可以列出一份长长的名单。然而，更重要的是，岳麓书院野趣十足，魅力十足。近千年来，已吸引了海内大量的文人学士。其中，就有一流的思想家、哲学家、教育家，比如朱熹、张栻。

1. 朱熹

说到朱熹，我们并不陌生。小学课本里就有他的诗歌和名言，比如《春日》《观书有感》。朱熹是南宋时期徽州府婺源县人，与当时最著名的词人辛弃疾是莫逆之交。朱熹担任地方官近十年，为人铁面无私，是出了名的犟夫子，在我们湖南就担任过"湖南安抚使"。他和辛弃疾、陆游、岳飞一样，主张抗金，收复失地，统一祖国。我们现在看朱熹的一生，多半是从事教育工作，著作宏富。与孔子、孟子一样，朱熹是中国封建时代儒家的主要代表人物，影响仅次于孔孟。他的学术思想，在后来的元明清三代，一直是封建王朝的官方哲学。后世特别推崇的是朱熹的人品和学养。

2. 张栻

说到朱熹，就不得不提到张栻。说到张栻，我们先把视线转移到长沙西边的宁乡。在今天的宁乡罗带山上，有两块墓地，墓地旁边原来还有一个亭子，叫御碑亭，上面写了这样一句话："大小文武官员，至此止步下车。"大意是所有文武官员从这墓地旁边经过的时候，坐轿子的要停下轿子，骑马的要下马，表示对墓主人的尊敬。这是明朝明世宗御赐的。他还把这块地方命名为官山。这墓主人到底是谁？为什么会有这么大的面子？原来这是南宋抗金派首领张浚和他的儿子张栻的墓地。张浚父子本是四川人氏。张浚曾在南宋初年做过宰相，我们从小就熟悉的抗金名将岳飞、韩世忠，都被张浚提拔和重用过。后来，张浚遭到秦桧的排挤，大家知道，秦桧是出了名的奸臣，张浚从此不再受皇帝重用。张浚死后，葬在今天宁乡的罗带山上。张浚的儿子张栻后来执掌长沙城南书院、岳麓书院，前面提到"山长"，张栻还是岳麓书院的第四任山长。今天，我们参观岳麓书院讲堂的时候，你会发现在讲堂的屏壁正面有一篇美文《岳麓书院记》，白底黑字，它就是张栻写的，是宝贵的文化遗产。

张栻虽然生在四川，但是在湖南长大，所以张栻把湖南当作第二故乡，他死后随父亲也葬在宁乡的罗带山上，因而后世子孙将张栻尊为迁湘始祖。我们在座的有姓张的老师和同学吗？或许你就是张浚、张栻的后代。2008年的清明节，张浚、张栻的后世子孙千余人不约而同地来到先祖的墓地扫墓。

四、"朱张会讲"

现在，我们说起岳麓书院，为什么一定要谈起"朱张"呢？岳麓书院与"朱张"又有什么关系呢？何况朱熹、张栻也不是湖南人呀。偏偏就不说说罗典、周式、王先谦，他们不是也对岳麓书院做出过贡献吗？据《岳麓书院名人传》记载，有一句话是这样说的："研究朱熹必须研究岳麓书院，研究岳麓书院必述朱熹。"从这里足可以看出，朱熹在岳麓书院发展史上的地位是相当崇高的，是罗典、王先谦等不能代替的。历史上有件大事可以说明岳麓书院与"朱张"关系非同一般，就是"朱张会讲"。

1. 程门立雪

我们先来回忆一个故事。北宋时候，理学在河南洛阳传播而且兴盛，在当时影响很大。洛学就是理学的一大派别，而洛学的创始人又是洛阳的程颢和程颐。南剑将乐（今福建将乐县）有一个学者叫杨时，师从程颢、程颐先生。有一次，杨时就一个观点与友人出现争议，想请教程颐先生。当杨时赶到程颐先生家门口的时候，天下起了雪，且越下越大，而先生又正在堂屋的火炉旁边闭目静坐。杨时不忍心惊扰先生，于是就站在屋子外面的雪地里等先生醒来，等到外面的雪下了一尺来厚了，先生才醒。这就是我们学过的著名的成语故事"程门立雪"。

2. 江南两大学派

杨时学成后，理学传到南方各地，于是就形成了江南两大学派。

一是在福建，杨时将理学传给学生罗从彦，罗从彦传给学生李侗，李侗再传给学生朱熹。朱熹也很争气，他把理学发扬光大，形成了闽学。

二是在湖南形成了以张栻为代表的湖湘学派，而且张栻就是以岳麓书院为基地来传播这些学问的。前面提到了岳麓书院实行的是山长负责制，而此时的张栻就是岳麓书院的第四任山长。今天，岳麓书院讲堂上方，高高地悬挂着一块匾额，上面写了四个大字"道南正脉"。这是乾隆皇帝御赐的，这块匾还是那个时候流传下来的原物。道南正脉，意思是说岳麓书院所传播的湖湘理学是理学南传之后的正宗，评价很高，实至名归。一千年来，岳麓书院不卑不亢，弦歌不绝，从那小小的山门里面，走出来一大批著名学生，就是最好的证明。

同学们，岳麓书院是湖湘文化的象征。其实，湖南还有很多的文化胜迹等待我们去发现、探索和保护。

轻叩《诗经》的门扉

授课讲师

邹甜，长沙市雨花区优秀教师，区级语文骨干教师，从教 19 年。执教省级思品录像课《小地方，好地方》出版发行。获首届长沙市"爱阅读善表达"老师风采赛一等奖。57 篇论文、教学案例在各级比赛中获奖。

正文讲稿

一、导读，引入《诗经》

同学们，这节讲堂老师将带着大家一起轻叩《诗经》的门扉。

《诗经》是我国最早的诗歌总集。原本称《诗》，编成于 2800 多年前的春秋时期。《诗经》收集了从西周初期至春秋中期大约 500 多年的诗歌，共计 305 篇，所以也叫《诗三百》。

孔子对《诗经》有着非常高的评价："《诗》三百，一言以蔽之，曰：'思无邪。'"意思就是《诗经》有三百篇，用一句话来概括它，就是"思想纯正"。孔子认为，学习《诗经》，可以激发情志，可以观察社会与自然，可以结交朋友，可以讽谏怨刺不平之事；近可以侍奉父母，远可以侍奉君王，还可以知道不少鸟兽草木的名称。也就是《论语》中提到的"《诗》可以兴，可以观，可以群，可以怨。迩之事父，远之事君，多识于鸟兽草木之名。"

在孔子生活的时代，《诗经》简直就是一部包罗万象的百科全书。孔子这位大思想家、教育家不仅以诗礼传家，要求儿子孔鲤学诗、学礼，而且把《诗经》作为弟子们学习的教材，号召所有的学生都认真地去学《诗经》。

正是由于孔子的大力提倡并亲自删削编定，《诗三百》才名正言顺地成了《诗经》，后来《诗经》被儒家学派奉为"五经"之一，成为读书人的必读书，广泛地影响着中国。孔子说："不学《诗》，无以言。"（《论语·季氏》）借用孔子的话，可以说，不阅读《诗经》，就无法了解中国数千年的历史和文化，当然也就无从言说中国文化。

《诗经》当时是能够演唱的，按照音乐性质的不同来划分，《诗经》分为风、雅、颂三类。南宋大教育家朱熹在《诗集传》中这样写道：

"风者，民俗歌谣之诗也。"

"雅者，正也，正乐之歌也。"

"颂者，宗庙之乐歌。"

你们来猜猜看，风、雅、颂这三类诗分别与什么内容有关？

《风》诗是各个地区的民间音乐，是从周南、召南、邶、鄘、卫、王、郑、齐、魏、唐、秦、陈、桧、曹、豳15个地区采集上来的地方歌谣，共计160篇。

《雅》诗是宫廷宴会或朝会时的乐歌，内容几乎都是关于政治方面的，按音乐的不同又分为《大雅》《小雅》，共计105篇。

《颂》诗是宗庙祭祀的音乐。又分为《周颂》《鲁颂》《商颂》，共计40篇。

二、感悟《诗经》的语言特色和思想内容

1.《关雎》

翻开《诗经》的第一首，一条蜿蜒清澈的小河出现在我们眼前。河边雎鸠悦耳鸣叫，水中荇菜茂盛生长。这首诗选自《国风》之《周南》，是《风》的第一

篇，也是《诗经》的开卷之作，被人们广为传唱。这首诗就是——《关雎》。

关关雎鸠，在河之洲。窈窕淑女，君子好逑。

参差荇菜，左右流之。窈窕淑女，寤寐求之。

求之不得，寤寐思服。悠哉悠哉，辗转反侧。

参差荇菜，左右采之。窈窕淑女，琴瑟友之。

参差荇菜，左右芼之。窈窕淑女，钟鼓乐之。

你知道这首《关雎》讲的是什么吗？不太理解没关系，老师把《关雎》改成了一首现代诗，你听了就明白了。

"关关"鸣叫的雎鸠，在那水中的沙洲。美丽娴静的淑女，正是君子理想的佳偶。

长长短短鲜荇菜，左右不停地去采收。美丽娴静的淑女，朝朝暮暮想追求。

追求没能如心愿，让我日夜不停地思念。思念啊思念，让我翻来覆去，彻夜无眠。

长短不齐的荇菜，左右不停地采摘。美丽娴静的淑女，我要用悠悠的琴瑟声来亲近你。

长短不齐的荇菜，左右不停地挑选。美丽娴静的淑女，我要用欢快的钟鼓声来取悦你。

《关雎》这首诗所表达的感情纯真、质朴，即使在今天读起来，也还是那么清新动人。请你伴着这悠扬的古乐，美美地吟诵吧！

刚才在读的过程中，你从《关雎》的语言特点中发现了什么？

四字一句，押韵，结构反复，一咏三叹，像唱歌一样。

这些特点概括起来，可以用三个词来描述：四言、押韵、反复。

其实这首诗还有一个特点：诗中多处采用了双声和叠韵的方式。

什么是双声和叠韵呢？请看：

关关（guan guan）；

雎鸠（ju jiu）。

《关雎》这首诗里还有哪些是属于双声和叠韵的词？

双声——参差、辗转；

叠韵——窈窕、辗转。

《诗经》里还有很多句子也使用了双声和叠韵的方式。如：

肃肃兔罝，椓之丁丁——《周南·兔罝》；

燕燕于飞，差池其羽——《邶风·燕燕》；

南山崔崔，雄狐绥绥——《齐风·南山》。

《诗经》里的句子极具节奏感和音乐美，诵读起来，如同吟唱一首无曲之歌，朗朗上口，余韵悠长。

2.《采薇》

请大家再看这几句诗：

昔我往矣，杨柳依依。今我来思，雨雪霏霏。

行道迟迟，载渴载饥。我心伤悲，莫知我哀。

前两句就出现在了我们六年级上册的语文课本中，这几句诗节选自《诗经》中的《采薇》一诗。自由地读一读。你能从这些诗句中体会到什么？

往日离家出征，杨柳轻柔，随风而舞。

如今返回故乡，纷纷雪花，漫天飘飞。

漫漫归乡之路啊，又饥又渴满心伤悲，我的哀痛谁体会？

眼前出现这样的情景：

2800多年前的一个冬日，大雪纷飞，卸甲退役的将士正行走在返乡途中。此刻的他们遥望家乡，百感交集。回乡，本来是一件令人兴奋的事情，然而我们在这里看不到一丝欢愉，只感到一片悲凉。将士们忧伤地想起，当年离开家乡的时候，正是春天，柳丝低拂。而现在呢，重返故乡，却是雨雪纷飞的冬天了。

这四句诗被后人誉为《诗经》中最好的句子。我们仿佛看见这个身心憔悴的将士，冒着雨雪，沿着泥泞的道路，慢慢地向前走去，只给我们留下一个孤独的背影，一声幽怨的叹息。

通过《采薇》这一首诗，我们可以感受到百姓们对和平的渴望，对幸福安宁的生活的向往，这首诗进而表现当时的人们对战争的厌恶和反感。《采薇》，可称得上是千古厌战诗之祖。

3.《硕鼠》

中学的语文课本中还有这样一首诗，也出自《诗经》。

> 硕鼠硕鼠，无食我黍！
> 三岁贯女，莫我肯顾。
> 逝将去女，适彼乐土。
> 乐土乐土，爰得我所。

同学们试着来读一读。全诗一共三节，老师这里只选取了《硕鼠》第一节。你们知道硕鼠是指什么吗？剥削者。这几句是什么意思呢？

> 大老鼠呀大老鼠，不要吃我种的黍！
> 多年辛苦养活你，我的生活你不顾。
> 发誓从此离开你，到那理想新乐土。
> 新乐土呀新乐土，才是安居好去处。

这是一首对剥削者深恶痛绝的诗歌，形象地将剥削者比喻成硕鼠，讽刺剥削者吞食老百姓的劳动果实，对老百姓的生活却漠不关心，甚至还要肆意欺压凌辱。在这种情况下，老百姓们幻想离开这些吸血鬼，到没有剥削的乐土生活。

《硕鼠》以冷嘲热讽的笔调形象地揭示出剥削者贪婪成性、不劳而获的本性，是对社会的黑暗现实进行讽刺和批判的怨刺诗。前面所提到的《采薇》是表现抵御外敌或是反映征战之苦的征役诗，《关雎》则属于表现爱情、婚姻题材的婚恋诗。有些诗描绘和再现了当时人们的农业生产、劳动生活，属于农事诗。比如《七月》：

> 七月流火，九月授衣。
>
> 春日载阳，有鸣仓庚。

有些诗歌颂当时统治者的德行和功劳，记载了商、周两个朝代的发展史，是充满了赞美之词的颂赞诗。比如《文王》：

> 文王在上，于昭于天。
>
> 周虽旧邦，其命维新。

有些诗用于各种礼仪场合，属于表现当时的社会风俗的礼俗诗。比如《桃夭》：

> 桃之夭夭，灼灼其华。
>
> 之子于归，宜其室家。

三、了解出自《诗经》的成语

从内容来看，《诗经》全面地展示了西周初期至春秋中期的社会生活。《诗经》不是来自远古的"语言化石"，它像在地下沉睡了几千年的古莲子一样，只要有适宜的阳光、温度和水分，今天我们仍可以让她发芽、开花。

从《诗经》中汲取精华，人们创造了许多脍炙人口、耳熟能详的成语。

> 辗转反侧，出自《关雎》："悠哉悠哉，辗转反侧。"
>
> 兢兢业业，出自《云汉》："兢兢业业，如霆如雷。"
>
> 巧言如簧，出自《巧言》："巧言如簧，颜之厚矣。"
>
> 一日不见，如隔三秋，出自《采葛》："彼采萧兮，一日不见，如三秋兮。"

你能从这些《诗经》的句子中找到哪个成语？

《草虫》："未见君子，忧心忡忡。"（忧心忡忡）

《大明》："维此文王，小心翼翼。"（小心翼翼）

还有许多成语也出自《诗经》，比如：

明哲保身、遇人不淑、孔武有力、人言可畏、不可救药……

同学们课余时间翻阅《诗经》，可以从中找到它们的出处。

《诗经》中那些久远的文字，都是最朴实、最真挚的歌唱。让我们静下心来，慢慢地读，细细地品。那些淳朴的气息，那些美好的情感，那些沉淀了数千年的智慧，将渐渐地浸润我们的心灵。

同学们，让我们轻叩《诗经》的门扉，沿着诗行，去拾起那遥远岁月中永远的歌！

成语乐园

 **授课讲师**

　　肖朝辉，长沙市雨花区语文骨干教师，长沙市雨花区卓越教师，从教20年。参与研究国家、省、市级多个课题；51篇论文获奖。2015年6月，给全班63个孩子写的反映每个孩子成长特色的诗歌评语，被环球网、人民网、中国青年网、新浪、腾讯等媒体转载报道。

　　李程，长沙市雨花区优秀班主任，执教21年。32篇论文获奖。

 **正文讲稿**

一、走进成语

　　在汉语广阔的天地里，有一个神奇的乐园，那里生机勃勃、妙趣横生，让人耳目一新；那里曲径通幽、柳暗花明，叫人流连忘返；那里还有朗朗上口的至理名言，令人受益匪浅。

　　这节课，让我们师生朝着这个神奇的成语乐园快乐出发！

二、解说成语

1. 成语概念

　　成语是汉语长期形成的一种固定词组，每个成语都表示一个完整的意义。它被视为汉语语言和文化的"活化石"。

　　同学们日常所见的多是四字成语，那么是不是所有的成语都是四个字呢？当然不是。在我国的成语宝库里，很短的成语是三字成语，像"闭门羹""莫须有""敲竹杠""敲门砖""口头禅""落水狗""破天荒""马前卒""马后炮""紧箍咒""掉书袋"等等。

　　除此之外，还有像"八九不离十""不食人间烟火""行百里者半九十""当局者迷，旁观者清""冰冻三尺非一日之寒""少壮不努力，老大徒伤悲""只许州官放火，不许百姓点灯""各人自扫门前雪，莫管他人瓦上霜"这些五字、六字、七字、八字、九字、十字、十二字、十四字的成语，它们都是成语家族的成员。这么多有意思的成语都是怎么来的呢？跟着老师一起来揭晓答案吧。

　　2. 成语来源

　　（1）神话传说

　　神话故事是民间文学的一种，其中孕育了很多成语，譬如"开天辟地"，这个成语就来源于神话故事《盘古开天地》。

盘古开天地

　　很久很久以前，天和地还没有分开，宇宙混沌一片，像个大鸡蛋。有个叫盘古的巨人，在混沌之中睡了一万八千年。

　　有一天，盘古醒来了，睁眼一看，周围黑乎乎一片，什么也看不见。他一使劲翻身坐了起来，只听"咔嚓"一声，"大鸡蛋"裂开了一条缝，一丝微光透了进来。巨人见身边有一把斧头，就拿起斧头，对着眼前的黑暗劈过去，只听见一声巨响，"大鸡蛋"碎了。轻而清的东西，缓缓上升，变成了天；重而浊的东西，慢慢下降，变成了地。

　　天和地分开后，盘古怕它们还会合在一起，就头顶天，脚踏地，站在天地当中，随着它们的变化而变化。天每天升高一丈，地每天加厚一丈，盘古的身体也跟着长高一丈。

这样又过了一万八千年，天升得高极了，地变得厚极了。盘古这个巍峨的巨人就像一根柱子，撑在天和地之间，不让它们重新合拢。又不知过了多少年，天和地终于成形了，盘古也精疲力竭，累得倒下了。

盘古倒下以后，他的身体发生了巨大的变化。他呼出的气息变成了四季的风和飘动的云；他发出的声音化作了隆隆的雷声；他的左眼变成了太阳，照耀大地，他的右眼变成了月亮，给夜晚带来光明；他的肌肤变成了辽阔的大地；他的四肢和躯干变成了大地的四极和五方的名山；他的血液变成了奔流不息的江河；他的汗毛变成了茂盛的花草树木；他的汗水变成了滋润万物的雨露……

人类的老祖宗盘古，用他的整个身体创造了美丽的宇宙。

你还知道哪些来自神话传说的成语呢？

夸父逐日、天衣无缝……

很多成语都与神话传说有关，成语来源之一就是神话传说。

（2）寓言故事

"寓言"一词，最早见于《庄子》的寓言篇。它往往叙述一个小故事，而又于具体的情节中，隐含着一种更深刻的道理，常常语带双关。其实我们的语文课本中就有许多寓言故事，如《掩耳盗铃》《惊弓之鸟》《亡羊补牢》等，这些喜闻乐见的寓言故事还衍生出了许多很有意思的成语。在这儿，老师就给大家带来一个寓言故事《守株待兔》。

守株待兔[①]

宋人有耕田者。田中有株[②]。兔走[③]触株，折颈而死。因[④]释[⑤]其耒[⑥]而守株，冀[⑦]复得兔。兔不可复得，而身为[⑧]宋国笑。

注释：①本文选自《韩非子·五蠹》。②〔株〕树桩。③〔走〕跑。④〔因〕于是。⑤〔释〕放下。⑥〔耒〕古代用来耕田的一种农具。⑦〔冀〕希望。⑧〔为 wéi〕被，表被动。

《守株待兔》这个故事讲的是宋国有个农民，他的田地中有一截树桩。一天，一只跑得飞快的野兔撞在了树桩上，撞断了脖子死了，农民看到了。于是，农民便放下他的农具日日夜夜守在树桩子旁边，希望能再得到一只兔子。然而野兔是不可能再次得到了，而他自己也被宋国人耻笑。从这个故事衍生出的成语"守株待兔"常常比喻死守狭隘的经验，不知变通，也比喻妄想不通过主观努力而侥幸得到意外的收获。

同学们，你还知道哪些来自寓言故事的成语呢？

鹬蚌相争、叶公好龙、郑人买履、黔驴技穷、杯弓蛇影、画蛇添足、狐假虎威……

这么多的成语都来自寓言故事，成语来源之二就是寓言故事。

（3）历史故事

从下面的这个故事中，你能看到蕴藏了哪个成语？（负荆请罪）

将相和（节选）

蔺相如在渑池会上又立了功。赵王封蔺相如为上卿，职位比廉颇高。廉颇很不服气，他对别人说："我廉颇攻无不克，战无不胜，立下许多大功。他蔺相如有什么能耐，就靠一张嘴，反而爬到我头上去了。我碰见他，要让他下不了台！"这话传到蔺相如耳朵里，蔺相如就请病假不上朝，免得跟廉颇见面。

有一天，蔺相如坐车出去，远远看见廉颇骑着高头大马过来了，他赶紧叫车夫把车往回赶。蔺相如手下的人可看不顺眼了，他们说，蔺相如见了廉颇像老鼠见了猫似的，为什么要怕他呢？蔺相如对他们说："诸位请想一想，廉将军和秦王比，谁厉害？"他们说："当然秦王厉害！"蔺相如说："秦王我都不怕，还会怕廉将军吗？大家知道，秦王不敢进攻我们赵国，就因为武有廉颇，文有蔺相如。如果我们俩闹不和，就会削弱赵国的力量，秦国必然乘机来攻打我们。我之所以避着廉将军，为的是我们赵国啊！"

蔺相如的话传到了廉颇的耳朵里。廉颇静下心来想了想，觉得自己为了争一口气，就不顾国家利益，真不应该。于是，他脱下战袍，背上缚着荆条，到蔺相如门上请罪。蔺相如见廉颇来负荆请罪，连忙热情地出来迎接。从此以后，他们俩成了好朋友，同心协力保卫赵国。

这是《史记·廉颇蔺相如列传》里面记载的发生在历史人物廉颇与蔺相如之间的故事。讲的是战国时赵国大将廉颇跟大臣蔺相如不和，后来廉颇认识到了这样对国家不利，便脱了上衣，背着荆条去向蔺相如请罪。人们从这个故事中提炼出了"负荆请罪"这个成语，现在"负荆请罪"常指主动向人认错赔罪，请求责罚。

你还知道哪些来自历史故事的成语呢？

完璧归赵、刮目相看、卧薪尝胆、四面楚歌、五十步笑百步、成也萧何败也萧何……

五千年的历史长河，多如星辰的历史故事衍生出很多的成语，成语的来源之三就是历史故事。

（4）文人作品

此外，我国很多的诗歌、散文、小说等文学作品中也提炼出了很多成语。比如，我们从"山重水复疑无路，柳暗花明又一村"提炼出了"山重水复""柳暗花明"两个成语；我们从"物是人非事事休，欲语泪先流"提炼出了"物是人非"这个成语；还有世外桃源、心有灵犀一点通、踏破铁鞋无觅处……

（5）外来文化

我国的成语中还有很少的一部分成语来自外来文化，如功德无量、立地成佛、六根清净、天女散花、不看僧面看佛面等等，这些成语就来自印度的佛教文化。

3. 成语传播

我们的成语也被其他国家引用。像汉语成语"入乡随俗"，英语则是"到罗马就要像罗马人一样"；汉语"对牛弹琴"，俄语则是"把珍珠投到猪面前"；汉语"一箭双雕"，而英语是"一石二鸟"，俄语是"一石两兔"，德语是"一拍双蝇"。

三、玩转成语

1. 成语图画园

了解了成语，我们就获得到了玩转"成语乐园"的通行证，"成语乐园"第一站"成语图画园"欢迎您！看图猜成语，看看谁能一马当先。

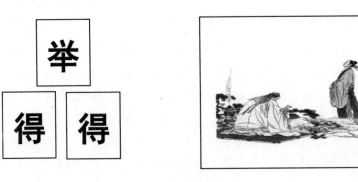

成语图画园

揭晓答案：一举两得、高山流水。

2. 成语数字园

成语不仅和图画结缘，它和数字也有千丝万缕的联系呢！你能看出这些图片里藏着哪些含数字的成语吗？

1256789　　　7 8　　　5 10

成语数字园

揭晓答案：丢三落四、七上八下、一五一十。

3. 成语表演园

游戏规则：老师请4个同学上台用动作表演成语，但不能出声。下面的同学仔细观察、举手竞猜。看看同学间是不是心有灵犀哦！

4. 成语"非常"园

刚刚呀，有同学回答问题是非常积极的，有同学发言是非常响亮的，有同学坐姿是非常优美的，"成语'非常'园"欢迎最棒的你们来大显身手！

非常高的人——顶天立地；非常大的手——一手遮天；非常长的腿——一步登天；非常大的被子——铺天盖地。

5. 成语儿歌园

同学们，你们知道吗？我们平时朗朗上口的儿歌中也暗藏着许多成语"宝宝"哦！让我们一起拍手读儿歌、猜成语吧！

小猴来买桃，买桃挑又挑。一百个里挑一个，挑个好桃给老猫。（答案：百里挑一）

红蜻蜓，飞呀飞，飞过水面点点水。点点水，摇摇尾，不知水下鱼儿肥。（答案：蜻蜓点水）

四、运用成语

1. 提炼成语

有一个三年级的孩子写了一段话，他的文章中藏了四个成语。你能做小老师帮他找出来吗？

有一天，爸爸带我去公园玩。来到公园，<u>这里的人可真多啊！</u> 看着 人山人海

<u>很多很多颜色</u>的风筝，我<u>欣喜得不得了</u>。我<u>一下子都等不了啦</u>，拉着爸
五颜六色　　　　欣喜若狂　　　　迫不及待

爸的手直奔湖边。

2. 成语串句

这节课我们畅游了异彩纷呈的成语乐园，你能用成语说说这节课的收获吗？同学们可以借助老师提供给你的句子和成语助手哦！

句子助手：今天这节成语课（　　　　），我们（　　　　）。

成语助手：其乐无穷、满载而归、流连忘返、受益匪浅、耳目一新、大开眼界……

五、话别成语

刚刚我们一起漫游了成语乐园，很多同学在课堂上大显身手。这节课，我们就此鸣金收兵，等同学们的成语积累更丰富的时候，我们后会有期。

神奇的预言术

授课讲师

　　刘文星，中小学一级教师，从教6年。长沙市优秀教材的开发工作者，长沙市雨花区卓越老师。获长沙市小学数学教学竞赛一等奖，全国第六届生命教育创新高峰论坛暨教学观摩课比赛特等奖。主持区级微课题1个。5篇教育教学论文获国家级一等奖。

正文讲稿

一、背景介绍，营造氛围

师：孩子们，听说过预言术吗？知道什么是预言术吗？

生：听说过，预言术就是事情还未发生就已经预测到了结果。

师：非常好，刘老师就会预言术，你们信吗？

生1：信。

生2：不信。

师：不管你信不信，等会就是见证奇迹的时刻！不过刘老师在预言的时候需要借助一个道具。大家知道这是什么吗？

生：扑克牌。

师：玩过吗?

生：玩过。

师：对扑克牌了解多少?

生：扑克牌有 4 种花色。

师：很好，还有吗?

生：扑克牌有 54 张。

师：不错，那你们知道这 54 张扑克牌分别有哪些吗?

生：4 种花色，每种花色有 13 张，都有 A、2、3、4、5、6、7、8、9、10、J、Q、K。还有大王、小王。

师：你们了解得很详细。那你们知道扑克牌为什么是 54 张吗? 又为什么是 4 种花色呢? 你们知道每种花色为什么是 13 张吗? 又知道大王、小王分别代表什么吗?

生：不知道。

师：扑克牌这些数据的后面都没那么简单，看似普通的数据里其实藏着重大的秘密。你们想了解吗?

生：想!

师：请看大屏幕，请所有女生轻声读第一段。

女生：一副扑克牌有 54 张，相传大王代表太阳，小王代表月亮，其余 52 张代表一年中的 52 周，红桃、方块、黑桃、梅花分别代表四季，每季 13 周，四季就是 52 周（13×4＝52）。

师：请所有男生轻声读第二段。

男生：如果把 J、Q、K 看作 11 点、12 点、13 点，这 13 张牌一共有 1+2+3+4+5+6+7+8+9+10+11+12+13＝91 点。一季大约就是 91 天，四个季节有 91×4＝364 天。如果是平年，大王、小王各为 0.5，则 0.5+0.5+364＝365；如果是闰年，大王、小王各为 1，则 1+1+364＝366。

师：大家现在明白刚刚老师提的那几个问题了吗？

生：明白了。

师：孩子们，扑克牌里之所以有这么多神奇的数据，不是巧合，这是因为扑克牌的发明本身就和天文、历法、星象以及占卜有关，就像现在很多西方人用塔罗牌占卜一样，扑克牌也能占卜，也能预言。

师：大家还记得在扑克牌里，大王、小王分别表示什么吗？

生：太阳和月亮。

师：是的，太阳和月亮磁场非常强，可能会影响老师预言术的施展，所以我把大王、小王先拿出来，接下来，借助扑克牌，预言正式开始。谁愿意来配合老师？我需要一个数数厉害，计算也厉害的孩子。

二、魔术展示，体验神奇

师：这是一副崭新的扑克牌，你可以检查下。扑克牌有问题吗？

生：没有。

师：你可以任意洗牌，打乱，觉得完全可以了就告诉我。你可以凭着手感将这副扑克牌分成两堆，尽可能平均分；可以根据感觉微调，但是不能数。拿起你喜欢的一堆，放到胸前，看着我的眼睛。扑克牌的魔力随着你的手掌心翻动，随着你的血液流动，透过你的眼睛，我已经看到了答案。在你没数之前，我开始预言。

此时老师将悄悄地在纸上用马克笔写上 18，暂时不让任何人看到，将纸折起来。

师：现在你可以数你拿的这堆扑克牌的张数了，数完之后先不要说出来。

生：老师，我数好了。

师：这是一个两位数，对吗？

生：对。

师：两位数会占两个数位，一个个位，一个十位。请你把张数减去它的十位，再减去它的个位。比如你数的是 46 张，那减去十位的 4，再减去个位的 6，算得就是 36。你会这样算吗？细心算下。

师：你算出来了吗？答案是多少？

生：18。

师：多少，大声地向全班公布出来!

生：18!

师：接下来就是见证奇迹的时刻。

生：哇!

师：厉不厉害？

生：厉害!

三、学会质疑，深入思考

师：这是巧合还是必然？

生1：老师好厉害，真的会预言术。

生2：肯定有玄机，肯定是必然。

师：老师肯定是没有魔力的，但是老师懂点数学，有时候懂点数学你就可以预言了。你们仔细回忆刚刚老师施展预言术的过程，看看能不能从细节中发现一些秘密。

生1：老师，我发现你刚刚不是要同学直接说出数的扑克牌数，而是减去了这个数的十位和个位。

四、互相交流，逐步揭秘

师：你的观察真仔细，这确实是一个关键点。来，告诉大家，你刚刚实际数的是多少？

生1：实际数的是25张，减去2，再减去5后，就是18了。

生2：老师，我发现一个秘密，如果是26张，减去它的十位和个位，结果也会是18。

师：真厉害，你们离真相越来越接近了。

生：老师，这么算的话，如果是27张，减去它的十位和个位，结果也会是18。

师：大家可以再思考全面一点，大胆地猜想。

生：老师，我发现从 20 到 29 中，任何一个数依次减去个位和十位上的数字，得到的结果必然是 18。

师：你们确定吗？能不能想办法验证下。小组合作，一起验证。

生：老师，我们组把 20 到 29 的十个数都试了一遍，确实是的。

师：哦，你们用完全归纳法一一进行了验证。还有不同的方法吗？

生：我们组用的代数法，假设十位是 2，就是 2 个十，是 20，个位是 a，合起来就是 $20+a$，减去十位上的 2 和个位上的 a 就是 $20+a-2-a=18$。

师：掌声鼓励他们！他们用代数法进行了验证。也就是说，只要保证了扑克牌的张数是二十几张，通过这种运算法则，算出来的一定会是 18。你们发现了这个预言术中最核心的数学原理，了不起！要保证魔术的成功，你们觉得还有哪些细节很重要？

生 1：老师，我发现你要这个同学分成两堆的时候要他尽量平均分，还可以微调，一副扑克牌是五十几张，尽量平均分每一堆就是二十几张。

生 2：老师，我还发现一个细节，一副扑克牌是 54 张，你以大王和小王磁场太强拿了出来，就只剩 52 张，这样平均分下来，每一堆更加就是二十几张。

师：你们都有一双慧眼，发现了预言术背后的数学秘密。对于这个数学魔术，你们还有什么想问的？

生：老师，二十几减去十位和个位，结果会是 18，那如果是十几、三十几或者四十几，是不是也有这样的规律呢？

师：你是一个非常会提问的孩子，这些问题特别有价值，孩子们可以试试。

生 1：老师，我发现三十几减去十位和个位会是 27。

生 2：老师，我发现六十几减去十位和个位会是 54。

五、思维碰撞，勇于创新

生：老师，我发现十几减去十位和个位会是 9。我现在也可以预言了，如果把剩下的扑克牌继续尽可能地平均分成两堆，然后数出张数，再减去十位和个位，结果一定会是 9，我就可以事先预言 9 在纸上。

师：了不起，理解了原理之后还进一步创造了魔术！为你点赞！

生：老师，我发现所有的数减去个位和十位之后都是 9 的倍数。

师：太厉害了！确实如你们所说，两位数减去十位和个位以后都会是 9 的倍数。明白了这个数学知识，有兴趣的孩子可以去网上找找关于吉卜赛人的读心术，读心术的背后就是你们刚刚所说的这个数学知识。孩子们，其实很多魔术、幻术背后的原理都是数学知识，哲学家阿格里帕曾经就说："数学是幻术所绝对必需的。"数学家诺瓦列斯也说："纯数学是魔术家真正的魔杖。"数学魔术不需要手法，它是魔术里最容易学，也是最有意思的一种。这节课好玩吗？刘老师也送你们一句话：懂点数学，让生活更精彩！希望你们学数学，爱数学；爱数学，学数学！

弦 图

授课讲师

　　孙瑛，小学数学高级教师，长沙市首批卓越教师，扎根一线 30 年。她以颇有创意的"孙氏激励法"形成了自己独特的教学风格。大讲堂《斐波那契数列》开集团外巡讲之先河，执教大讲堂《弦图》获邀在全国著名教育专家新课标教材解读观摩会上展示。

正文讲稿

一、从国际数学家大会纪念邮票讲起

　　欢迎大家来到数学大讲堂。数学大讲堂，非同一般的课堂。今天的不同，就从这些小小的邮票讲起。

　　1. 了解国际数学家大会

　　同学们，有一些邮票上图案的设计很有意思，有的是具有代表性的数学符号，有的是应用非常广泛的数学公式，有的是非常经典的数学问题解法，还有的是有着丰富内涵的数学图形，每一张邮票都寓意深刻，它们有一个共同的名字——国际数学家大会纪念邮票。

国际数学家大会纪念邮票

国际数学家大会，简称 ICM（international congress of mathematicians），是国际数学界四年一届的大集会，被誉为数学界的"奥运会"。首次会议于 1897 年在瑞士苏黎世举行。至今，全球已经成功举办了 28 届国际数学家大会。

参加会议的都是数学界顶尖级、重量级的数学家们。每一次大会，大家齐聚一堂、共襄盛举，分享自己国家在数学领域的最新成果与进展。

2. 了解第 24 届国际数学家大会

同学们，这样全球性的数学家大会，咱们中国有没有成功地承办过呢？请看，这枚具有中国风的精致邮票，它会告诉你答案。

第 24 届国际数学家大会纪念邮票

2002 年 8 月 20 日至 2002 年 8 月 28 日，第 24 届国际数学家大会在北京胜利召开。这是 21 世纪第一次国际数学家大会，也是历史上第一次在发展中国家召开。

邮票中的图案就是高高悬挂的大会会标。会标的主图来历可不小，选用的是我国古代传统数学图案——弦图。设计者将弦图进行旋转和填色处理，让弦图更具动感魅力。它就像一个转动的风车，欢迎着来自世界各国的数学家们，象征着开放的中国，象征着全世界各国数学家的团结，象征着中国在新世纪将建设成世界"数学大国"的决心和信心。

二、赵爽弦图与勾股定理

1. 赵爽弦图简介

让我们的目光聚焦到弦图，弦图看起来似乎很简单，就是由 4 个完全相同的直角三角形拼成的正方形，但是它究竟有什么魅力，能让这么多的数学家为之倾倒，又能独占第 24 届国际数学家大会的鳌头呢？因为美丽的它奥妙无穷。

你们知道吗？弦图是我国古代数学家赵爽为证明著名的"勾股定理"而构造的一种奇妙的几何图形。

2. 勾股定理简介

勾股定理是人类最伟大的十个科学发现之一。

勾股定理：直角三角形的两条直角边的平方和等于斜边的平方。

我国古代把直角三角形较短的直角边称为"勾"，较长的直角边称为"股"，斜边称为"弦"。于是勾股定理可叙述为："勾方加股方等于弦方。"这也是勾股定理名称的由来。

3. 赵爽弦图之性质

现在，请大家看赵爽弦图，它是以什么为边的正方形？赵爽弦图，是以弦为边的正方形，所以就称其为弦图。这也是赵爽弦图的性质之一，即拼成的大正方形的边长等于直角三角形斜边的长。我们还可以发现，中间空白的小正方形的边长是直角三角形两直角边之差。

4. 运用弦图推导勾股定理

（1）赵爽证法

周公运用弦图推导勾股定理，最早出现在中国古代数学著作《周髀算经》中，可惜原图已失传，传世版本只有赵爽弦图。赵爽注释《周髀算经》时所做的《勾股圆方图注》中有言："案：弦图又可以勾股相乘为朱实二，倍之以朱实四，以勾股之差自乘为中黄实，加差实亦成弦实。"

让我们开启智慧，一起细细品读古文字，揭开赵爽推导之谜。赵爽称一个直角三角形的面积为一个朱实，"朱"就是红色的意思，中间小正方形的面积为黄实，整个弦图的面积为弦实。设直角三角形的勾、股、弦分别为 a、b、c。ab 为两个朱实，$2ab$ 为四个朱实，$(b-a)^2$ 为黄实，c^2 为弦实。四个朱实加上一个黄实就等于弦实。因此，$2ab+(b-a)^2=c^2$，化简得 $a^2+b^2=c^2$。

赵爽先巧妙地构造"弦图"，再经过简单的代数运算，成功推导了几何问题。这真是构思精巧，证法直观、简捷、严谨，并融代数、几何于一体，鲜明地体现了我国古代证题术的独特风格。它是迄今为止，对勾股定理最早、最简洁的证明。赵爽弦图闪烁着中国人的智慧光芒，所以它理所当然又当之无愧地被选为北京"ICM2002"大会会标。

（2）其他证法

智慧的人们传承着精髓，赋予了弦图新的数学生命力，让我们一起来欣赏另一种证法。

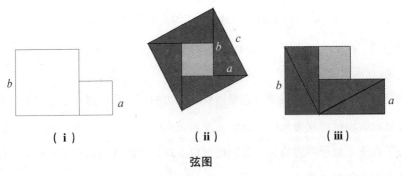

（ⅰ）　　（ⅱ）　　（ⅲ）

弦图

以直角边 a、b 分别为边长，并排画两个正方形。图（ⅰ）的面积是 a^2+b^2，图（ⅱ）的面积是 c^2。将图（ⅰ）巧妙分割成四个直角三角形和一个小正方形，如图（ⅲ）所示。图（ⅲ）和图（ⅱ）的面积完全相等。完美地证明了 $a^2+b^2=c^2$。

奇妙的弦图，魅力四射，在咱们的几何学中大放异彩，巧妙地运用它，可以让看似无从下手的题目，变得"柳暗花明又一村"！赶快加入到研究队伍中来，与弦图成为好朋友的你，必将成为几何高手！

质数嫌疑人

 **授课讲师**

　　张磊，从事小学数学教育9年。长沙市首批卓越教师，长沙市雨花区骨干教师。多次承担大型公开课、观摩课、赛课、大讲堂等任务。2015年获长沙市小学数学课堂竞赛一等奖，2019年主持区级微课题获一等奖。参与1个省级课题和1个市级课题。

正文讲稿

一、融入情境，明晰概念

1. 情境导入，复习质数、合数概念

　　师：同学们，今天这个大讲堂我相信会很轻松，因为我们需要带着想象力和思考力来上课，你们准备好了吗？

　　想象一下，假如有一天外星人要来地球，先派一些密探来刺探地球信息，你要保护地球，利用你学的知识反推出外星人的信息。（课件出示：7个外星人要来地球，每条飞船人数一样多，它们可能乘几艘飞船过来？）

　　生：7艘或1艘。

师：对于你来说很简单。可以说说你是怎么想的吗？

生：一个质数只能被 1 和它本身整除。

师：你能举几个质数的例子吗？（课件呈现 100 以内的质数。）

师：如果说外星人来地球的人数是以上这些数，我们都可以确定他们乘坐的飞船数目只有两种：1 和它本身。那更有可能是 1，为什么？想想，如果是 6 个人，12 个人呢？可能的飞船数目是多少？

生：那就是合数了，有很多种可能。

师：是的，一个合数除了 1 和它本身还有别的因数。看来，外星人想要派人过来，得把质数和合数学好。

2. 想象对比，明晰质数、合数特征

师：想象一下，如果把质数和合数比作死敌，他们相遇，谁更可能获胜？

生：不好说，没有具体的例子。

师：那我们举两个例子，如果质数是 31，合数是 90 呢？

生：如果找他们的因数，31 的因数只有 1 和 31，而 90 的因数有很多个。

师：我们想要找到 90 的所有因数，怎样找呢？

生：可以通过质数来找。

师：我们来看看怎样通过质数找到 90 的所有因数？

生：通过短除法，分解质因数，$90 = 2 \times 3 \times 3 \times 5$，然后分类找因数。

师：我们试着把它们分类列出来。

质因数是单个的因数：2，3，5；

两个质因数组合的因数：$2 \times 3 = 6$，$2 \times 5 = 10$，$3 \times 3 = 9$，$3 \times 5 = 15$；

三个质因数组合的因数：$2 \times 3 \times 3 = 18$，$2 \times 3 \times 5 = 30$，$3 \times 3 \times 5 = 45$；

再加上 1 和 90。

找到 90 的所有因数：1，2，3，5，6，9，10，15，18，30，45，90。

师：其实，这一招不光对 90 有作用，只要你把任意一个合数分解为质因数，就可以找到它的所有因数。但是，质数除了 1 和它本身就不可以再分解了。

因此，在质数和合数的世界里，可以说：质数强壮如牛，合数弱不禁风。

二、实践探究，体验感悟

1. 实践探究，体验质数寻找之难

师：既然这样，如果去检验一个数是不是质数，你有什么好办法吗？

生：好像只有通过计算才可以。

师：比如说 883，这个数到底是质数还是合数？根据上述的原理，我们只需要从最小的质数开始除起。如果除的过程中有幸得到整数，那就说明它是合数；如果得不到整数，就说明它肯定是质数。

生：这个方法好像比较麻烦，但是可以确定质数。

师：883 除以 2、3、5 这样的质数，需要一一计算吗？

生：不需要，我们可以根据 2、3、5 的倍数特征排除。

师：如果是之后的质数呢？

生：我们可以用计算器进行计算。

师：那我们就从除以 7 开始。

$$883 \div 7 \approx 126.14 \quad 883 \div 11 \approx 80.27 \quad 883 \div 13 \approx 67.92$$

$$883 \div 17 \approx 51.94 \quad 883 \div 19 \approx 46.47 \quad 883 \div 23 \approx 38.39$$

$$883 \div 29 \approx 30.45 \quad 883 \div 31 \approx 28.48$$

这一步，我们发现结果已经小于 31 了，意味着我们不需要往下求了。至此，我们已经证明了 883 是一个质数。理解了吗？

师：接下来，我们来玩个游戏——"寻找质数嫌疑人"。

几个坏蛋闯入一个富翁家里面偷了东西，富翁请了福尔摩斯来破案。福尔摩斯把以前的嫌疑人列了出来，根据福尔摩斯掌握的信息，这些坏蛋背后的号码有强烈的质数标志，它们背后的号码分别是：557、779、941、929、623、841。

同学们，你们能把这些质数嫌疑人找出来吗？

（学生分组通过计算器寻找。）

经过计算并寻找出：

背后号码符合质数标志的有 557、941 和 929，所以他们是窃贼。

其他的是合数：779 = 19×41，623 = 7×89，841 = 29×29。

2. 特例欣赏，体会质数之谜

师：数学家最大的爱好莫过于探寻数学问题中是否存在数学规律。当然，对于质数，他们肯定不会放过。孩子们，你认为质数有规律吗？

生：我觉得有，但是目前我看不出来。

师：孩子，你有数学家的潜质。不过，经过数学家不屈不挠的探索，至今尚未发现质数有任何规律，只是随机出现在数字当中，这个就是所谓的"质数之谜"。

生：那没有规律意味着只能一个一个找了？

师：确实如你所说，我们举个例子，有人曾经认为一连串 3 后跟一个 1 会是质数。

31 是质数，

331 是质数，

3 331 是质数，

33 331 是质数，

333 331 是质数，

3 333 331 是质数，

33 333 331 也是质数，

但是，333 333 331 呢？

经检验：333 333 331 = 17×19 607 843，它不是质数。

生：好神奇啊！我看了前面几个，还真的以为有规律了呢，看来真不能想当然。

师：这就告诉我们，永远不要相信表面现象，数学需要证据。还有一些有趣的例子。

（1）两个奇特的质数

师：首先是 73 939 133，从它末尾开始任意去掉几位，它仍是个质数，这是目前发现的具有此性质的最大的质数。

其次是 619 737 131 179。这个质数是数学家的梦中情人，为什么它会让人如此心动呢？那是因为如果你在任意相邻两位数上画圈时，都会得到一个小的质数。而它是具有此性质的最大的质数。

生：质数虽然没有规律，但是真有趣。

（2）寻找最大的质数

师：数学家们经过几千年的时间，还是找到了一些大得令人吃惊的质数。目前知道的最大的质数已经超过了 780 万位。如果用手写下来，将会花费 7 个星期，长度将达到 46 千米，可以填满整整 10 本书。

三、联系应用，拓展提升

1. 质数在生活中的应用

师：如果你认为质数的应用仅限于数学，那就错了。它还被用于工作和生活当中。

（1）质数在密码学中的应用

将几个质数相乘非常简单，反过来将一个数分解质因数就有点难了，特别是找到大的质数，几乎是不可能的。因此，这使得质数在设定密码方面相当适合。当你在网上消费的时候，交易的细节就是通过这种方式隐藏起来的。代码的"锁"是非常大的数字，而"钥匙"就是他们的质因数组合。

利用质数做成的密码非常可靠，甚至美国的一家公司还曾经为那些能够破解他们密码的人准备了一笔奖金。

（2）质数在动物界的应用

很多昆虫利用质数来保护自己。比如，蝉就会花整整 13 年或 17 年的时间作为幼虫藏在地下，靠吸食树根的汁液生存，然后它们蜂拥而出，长成成虫进行交配繁殖。由于 13 和 17 都是质数，它们不能被更小的数整除，所以那些生命周期为 2 年或 3 年的寄生虫和蝉的天敌，几乎不可能在蝉繁殖的时候大批出现。

2. 关于哥德巴赫猜想

质数是未解之谜，它的未来等着更聪明、更智慧的你们来研究。在下课之前，张老师要告诉你们一个秘密：你还有可能拿到 100 万美元，这次也保证没有骗你。这就是著名的哥德巴赫猜想：

任何一个大于 2 的偶数都能写成两个质数之和。

你要做的就是证明它，写出你的过程。很多机构都给出可观的奖金给那些证明出哥德巴赫猜想的人，最高的奖金是 100 万美元。只要你肯钻研，说不定这笔奖金会是你的！

数形结合乐园

授课讲师

　　谢宜珊，中小学一级教师。长沙市雨花区数学骨干教师，奥数一级教练员。所带学生获国家、省、市级奖项共计 105 项，多次被评为优秀指导老师。

正文讲稿

一、激趣导入

欢迎同学们来到数学大讲堂。

老师知道同学们中有很多计算高手。我们今天来学习如何快速计算出复杂数列的和，大家认真思考下有哪些快捷的方法。

二、数形结合

1. 数列求和

（1）试算探讨

师：同学们，我们先看看下面这道数列求和题：

$$1+2+3+\cdots+29+30+31+32+31+\cdots+2+1=?$$

同学们以四人学习小组合作探讨。

①先仔细看题，试着自己算算；

②在小组内交流，互相说说自己的方法；

③讨论各种方法的优劣，选选自己喜欢的算法；

④选择一种自己喜欢的方法，明确计算方法。

（学生小组讨论4分钟）

（2）反馈

生1：我怕漏掉数，就一个一个数加起来了，和是1 024。

师：这样很细致。

生2：我是这样算的 $1+31=32$，$2+30=32$，$32+32=64$，$3+29=32$，$64+32=96$，…

最后 $1+2+3+\cdots+29+30+31+32+31+\cdots+2+1=1\ 024$。

师：考虑到数字之间的关系了。可以联系起来看问题，很好的思维方法。

生3：$1+31=32$，$2+30=32$，$3+29=32$，…到前面有一个16，后面也有一个16，$16+16=32$，他们每一组都是相等的，一共有31组，$31×32=992$，再加上中间还有一个32，就是1 024。

师：一组一组地分类分析，思考有深度。

生4：$1+31=32$，$2+30=32$，$3+29=32$，…他们每一组都是相等的，一共有31组，再加上中间还有一个32，一共就有32组了，所以 $32×32=1\ 024$。

师：把中间的数字也考虑到了，非常棒。

师：同学们认真思考和计算了，那你喜欢哪种算法呢？

生1：我喜欢一组一组地算，数好组数，乘起来，$31×32=992$，最后加起来，$992+32=1\ 024$。

生2：我喜欢 $32×32=1\ 024$，算起来干脆。

生3：我也喜欢 $32×32=1\ 024$，可为什么加法最后变成了乘法呢？

师：同学们都善于思考！提的问题特别有价值，谁能说说，为什么可以用32×

32＝1 024 来计算，为什么加法最后变成了乘法呢？

生：因为可以组成31组32，再加上中间还有一个32，就有32组32，所以可以用乘法计算 32×32＝1 024。

师：同学们道理说得很清楚，但是理解起来的确比较困难。如果试试用图来帮助我们，可能会好一点。

（3）数形结合试推方法

慢慢出示正方形点子图，进行推导演示。

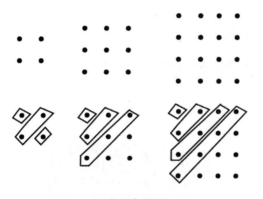

正方形点子图

师：我们会发现，每个数对应点子图上斜线上的点子数。由此可总结出，这个数列中每一个数，就好像是正方形斜线上的数，求数列的和就可以转化成求正方形的面积。

试着算一算：

$$1+2+1 = 2×2$$

（最长斜线上的点子数是2，正方形的边长也是2）

$$1+2+3+2+1 = 3×3$$

（最长斜线上的点子数是3，正方形的边长也是3）

……

回到开始的数列，我们可以推导出：

$$1+2+3+\cdots+29+30+31+32+31+\cdots+2+1 = 32×32$$

（最长斜线上的点子数是 32，正方形的边长也是 32）

$$1+2+3+\cdots+29+30+31+32+31+\cdots+2+1=32\times32=1\,024$$

师：同学们，通过上面的推导，我们发现了什么？

生：这样的数列求和就可以转化成求正方形的面积。

师：是的。这种类型的数列求和，我们可以转化成求正方形的面积。

我们可以试着用算式 $1+2+3+\cdots+(n-1)+n+(n-1)+\cdots+2+1=n\times n$ 来计算。

（4）数形结合小练习

$1+2+3+\cdots+9+10+9+8+\cdots+2+1=（100）$

$1+2+3+\cdots+19+20+19+18+\cdots+2+1=（400）$

$1+2+3+\cdots+39+40+39+38+\cdots+2+1=（1\,600）$

2. 图形求数

出示画有图案的正方形图。

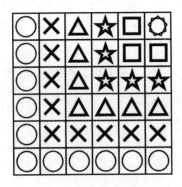

画有图案的正方形图

师：同学们，你能看出每种图案有多少个吗？有什么规律吗？

生1：右上角的图形只有 1 个。

生2：圆圈最多，有 11 个。

生3：增加一种图形，刚好沿着原来的正方形的两条边，形成一个较大的正方形。

生4：不同种图形的个数依序是 1，3，5，…

师：同学们观察得非常仔细。如果再增加一种不同图案，它的个数又会是多少，增加多少个呢？

生：13 个，增加 2 个。

师：太棒了！每种图形的个数，我们如果想用一个统一的算式，可以怎样表示呢？我们可以这么思考。

第 1 个：$2 \times 1 - 1 = 1$；

第 2 个：$2 \times 2 - 1 = 3$；

第 3 个：$2 \times 3 - 1 = 5$；

……

第 n 个：$2n - 1$。

3. 小棒趣题

出示小棒拼成的三角形，你能发现三角形的个数和小棒根数的关系吗？

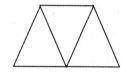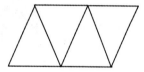

小棒拼成的三角形

让学生自主寻找规律。

生 1：第 1 个三角形需要 3 根小棒，第 2 个三角形需要 5 根小棒，……小棒根数是 3，5，7，9，…

生 2：我发现每增加 1 个三角形，需要增加 2 根小棒。

师：的确每增加 1 个三角形，需要增加 2 根小棒。想一想，如果要摆 15 个三角形，需要多少根小棒呢？

生 3：$3 + 2 + 2 + \cdots + 2 = 31$

师：我们思考一下，n 个三角形需要多少根小棒呢？

（n 个三角形：$3 + 2 + 2 + \cdots + 2 = 2n + 1$。）

师：24 个三角形需要多少根小棒？100 个三角形呢？（学生练习。）

(24 个三角形：$3+2+2+\cdots+2=24\times2+1=49$。100 个三角形：$3+2+2+\cdots+2=$
$100\times2+1=201$。)

4. 平方差

想一想，下面计算题可不可以转化成图形题来计算呢？

$$58\times58-42\times42=?$$

（同桌研讨。）

生 1：我是直接计算的。我想应该可以有更方便的方法吧。

师：是的。敢于想，就是一种进步。我们再勇于尝试，就是进步的行动了。

生 2：58×58 好像正方形的面积呀。

师：是的。我们可以用面积试试。

出示面积差计算数形图。

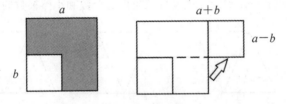

面积差计算数形图

师：58×58 可以看成一个大的正方形面积，减去 42×42，可以看成减去一个小
的正方形。它们的面积差，可以看成阴影部分的面积。进行分割，重新进行拼接，
就形成了一个长方形。它的长是 58 与 42 的和，它的宽是 58 与 42 的差。求出这个
拼成的长方形面积，也就是两个积的差。

$$58\times58-42\times42=(58+42)\times(58-42)=1\,600$$

生：这样计算简单多了。

师：是的，那我们试试做下面的练习。

$21\times21-19\times19=?$ $[21\times21-19\times19=(21+19)\times(21-19)=80]$

$37\times37-23\times23=?$ $[37\times37-23\times23=(37+23)\times(37-23)=840]$

$96\times96-44\times44=?$ $[96\times96-44\times44=(96+44)\times(96-44)=7\,280]$

生：太有意思了。我们可以有统一的公式来计算吗？

师：我们把这种类型算式用平方差公式来进行计算。

$$平方差公式：a×a-b×b=(a+b)×(a-b)$$

三、延伸结课

生：这些用数字和图形相结合的方式计算的题目特别有意思。

师：数和形是数学学习中很重要的两部分内容，数形结合的思想是数学思想的重要组成部分。它们在生活中有很多具体的运用。像我们的杨辉三角、赵爽弦图等，这些都等着同学们在生活中去发现、学习、探讨。

English afternoon tea

（时间为茶而停下）

授课讲师

何姣，小学英语高级教师，从教 18 年。长沙市雨花区骨干教师，长沙市"优秀小学英语老师"。2006 年全国小学英语老师教学技能大赛一等奖，2009 年湖南省小学英语课堂有效教学观摩比赛一等奖。

正文讲稿

一、The origin of tea（茶的起源）

Boys and girls. Let's enjoy a video.

What are they talking about?

Which country is the hometown of tea?

　　　　　　　　A. China.

　　　　　　　　B. Japan.

　　　　　　　　C. India.

中国是茶的故乡。中国是世界上最早种茶、制茶和饮茶的国家。陆羽的《茶经》中记载，最早发现茶的人是神农，传说他曾尝百草，中毒后用茶叶来解毒。

从古代丝绸之路、茶马古道、茶船古道，到今天丝绸之路经济带、21 世纪海上丝绸之路，茶穿越历史、跨越国界，深受世界各国人民喜爱。

二、The origin of English afternoon tea（英式下午茶的起源）

17 世纪 60 年代，茶叶由中国传入英国。英国人很爱喝茶，每年茶消费量占饮料总消费量的 70% 。英国人每天要喝掉将近 1.65 亿杯茶，每人每天至少要喝 5~6 杯茶。清早刚一睁眼，就靠在床头享受一杯"床前茶（morning tea）"；上午再繁忙，也得停顿 20 分钟啜口"工休茶（tea break）"；下班前则有雷打不动的"afternoon tea（下午茶）"；夜晚就寝还少不了一次"after dinner tea（告别茶）"。请猜一猜，这些时间段里面，哪个时间段喝的茶最受欢迎呢？

Afternoon tea is very popular.

在中国，饮茶的传统可以追溯到公元前 3000 年，而直到 17 世纪中叶，英国才首次出现了"下午茶"的概念。现在，下午茶已成为英国国饮的代名词。如果去了英国，一定要去品尝的就是下午茶了。

What time do they have afternoon tea?

     A. Between 2 p. m. and 5 p. m.

     B. Between 4 p. m. and 6 p. m.

     C. Between 3 p. m. and 5 p. m.

The traditional time for afternoon tea is four o'clock.

关于英式下午茶的由来，其实是有一段历史渊源的。

Who thought about the idea? When it started? Please watch a video.

今天，下午茶仍然是英国人最为普通的生活休闲方式。许多英国人喜欢与家人一起喝下午茶，也喜欢选择用下午茶来招待邻居、朋友和客人。下午茶已成了英国人生活中的一部分，这个时段喝下午茶，还受到英国法律的保障。有位英国留学生告诉我，有天下午他去学校办事，只见办公室大门紧闭，所有人都不知去向，正纳闷着，突然听到 Big Ben 的钟声敲响了四下。原来是喝下午茶的时间到了。这正应了英国的一句民谣：

When the clock kicks at four, everything in this world stops for tea! （当时钟敲响四下时，世上的一切瞬间为茶而停。）

此时，即使你有天大的事，也得等喝完下午茶再说，这是雷打不动的规矩。

三、What an afternoon tea includes? （下午茶包括哪些内容呢？）

Look, here are some photos about afternoon tea. Let's enjoy it.

What an afternoon tea includes? （下午茶包括哪些内容呢？）

Help the kids to sum up.

Tea, tea snacks, tea sets.

你们对下午茶的哪一方面感兴趣呢？

Tea snacks, tea or tea sets.

If you choose tea snacks, please hands up.

Wow, so many kids like tea snacks.

Let's talk about tea snacks.

四、How to have afternoon tea? （怎样享用英式下午茶？）

1. Tea snacks and etiquette （茶点和吃茶点礼仪）

Look, here are some tea snacks. What are they?

Sandwiches, scones, fruit tarts and cakes.

scones （司康饼）是英式下午茶的王牌点心。对于英国人来说，司康饼的意义就像我们说的"妈妈的味道"一样，因为这是每个英国人家中祖母、妈妈都会做和经常做的家常点心。就像我们中国人过年吃饺子、元宵节吃汤圆、端午节吃粽子、中秋节吃月饼一样。

Tea snacks are being put into three layers. （传统英式下午茶点放在三层点心盘。）

Please guess! What's on the first layer? What's on the second layer? What's on the third layer? Who can try?

正统的英式下午茶点心的摆放是有讲究的：摆放的顺序有讲究，吃的顺序也有讲究。

How to eat the tea snacks? Please think about the eating order.

A. From the bottom to the top.

B. From the top to the bottom.

If you choose A, please hands up.

If you choose B, please hands up.

正确的答案是 A。茶点的食用顺序，大家记住四个字：由咸而甜。（Why?）最下层的三明治就像正餐中的主菜，而最上层的水果塔就像正餐中的甜食。三明治和水果塔大家都吃过。But what about scones? How to eat scones?

Here is a knife, a saucer for you. And some jam and cream too. How do you eat scones? Please guess!

What is the right way to eat scones? Ok, let me show you.

First take a tea knife and split the scone in half across. Then spread a little jam. Finally spread some cream.

Please remember jam first.

刚才有位同学提到像汉堡那样把两块夹起来一起吃，由于这种饼比较脆，饼屑容易掉落，这种吃相比较狼狈，所以老师建议吃完一块，再吃另一块。

2. Tea and etiquette（茶和喝茶礼仪）

无论茶点多么丰富，下午茶还是离不开一个"茶"字，下午茶绝对的主角就是茶（停顿，让学生说）。

What kind of tea do they like?

A. green tea.

B. black tea.

C. oolong tea.

What does black tea mean?

"black tea"译为红茶。英国人最钟情的就是红茶。其实英国不产茶叶，我们中国的茶叶产量是世界第一，出口量是世界第二。中国茶叶历史悠久、种类繁多。同学们，你们知道哪些茶叶的种类呢？（按照制作方法分为绿茶、红茶、青茶、黑茶、白茶、黄茶等几大类。）

How to drink tea?

At first, pour the tea. Then, add the milk slowly. If you like sugar, you can put some sugar into your tea.（茶与奶的顺序不能弄混淆，先茶后奶是约定俗成的喝茶礼仪。）

你们觉得喝茶时，还应注意些什么礼仪呢？

喝的时候不能发出声音，出声是很不优雅的。茶得小口慢饮，点心要细细品尝，低声絮语。

Here are six tea etiquette for you.

对于大多数英国人来说，除非去正式场合，譬如一些特定的酒店，喝下午茶需要着正装外，朋友聚会喝下午茶，着装就会比较随意，但一定要注意的一点是千万不能穿凉鞋或拖鞋。女性可以穿裙子，男性可以穿西服打领带或领结。

五、A poem about afternoon tea（一首关于下午茶的诗）

茶很受英国人的青睐，现在很多国家都喝下午茶，许多作家也写了很多赞美茶的诗篇。这是英国 19 世纪伟大的诗人威廉·克莱斯顿专为茶写的一首赞歌：

If you are cold, tea will warm you.（寒冷若你，茶将为之温暖。）

If you are too heated, tea will cold you.（激愤若你，茶将为之安定。）

If you are depressed, tea will cheer you.（沮丧若你，茶将为之开怀。）

If you are exhausted, tea will calm you.（疲惫若你，茶将为之抚慰。）

茶是中国文明的象征。中国茶文化在于茶香浸润中的儒雅。在中国，我们也有一部介绍茶的纪录片——《茶，一片树叶的故事》，就像《舌尖上的中国》一样，有兴趣的孩子，可以去 CCTV 节目官网上观看，进一步感受茶的魅力。Thank you for your listening.

Booking a hotel

（预订酒店）

授课讲师

　　谢宜，小学高级教师，长沙市雨花区英语骨干教师，从教 20 年。为市、区、校开出高质量公开课共计 5 次。

正文讲稿

一、了解西餐礼仪

1. 导入情境

Talking about your favorite things.（聊一聊大家的兴趣爱好。）

　　在这一环节中，老师以简单的句式："What's your favorite _____?"给孩子们热身，同时打开孩子们记忆的盒子，激发他们学习的兴趣。在学生进入到学习状态后，老师再提出下一个问题：大家来猜一猜老师的兴趣爱好是什么？使课堂进入新一轮的竞猜环节中，给课堂持续加温。在热火朝天的气氛中，老师选用几张优美的旅行画面揭示谜底，世界各地的优美景色让课堂第一次达到高潮。

2. 引发思考

　　当旅游这一话题被引入课堂后，老师接着引导学生思考，旅游前我们要做哪些准备？话题抛出后，作为平时基本都是被动出游、跟随父母一起出游的孩子们，才会第一次认真思考这个问题，这就创设了一个信息沟。在日常生活的交谈过程中，谈话者需要有话可说，听话者或觉得话中有新鲜的内容，值得一听；或觉得有疑问，听完话之后，了解到原来不曾知晓的事情。这种新鲜的内容，我们称之为信息。新鲜的内容越多，信息量就越大。如果一个人知道的东西另一个人不知道，那么，他们两人之间便存在信息沟。信息沟是人们用语言进行交际的先决条件和动力。孩子们在思考后会给出很多答案，比如：

生 1：Prepare for the money.

生 2：Book the tickets.

生 3：Pack your luggage.

在孩子们积极思考过后，老师再引入到本课重点内容："在旅行过程中，住和行是可以提前预约的，今天我们就来学习如何预订酒店。"从生活实际出发，孩子们能快速地进入到老师设置的情境中，融入课堂。

3. 如何预订酒店

首先观看一段视频，了解大概流程，这段动画从旅行者的角度，就订酒店遇到的一系列问题展开，正符合学生现下的知识需求。

接下来展示重要对话，并请学生思考，完成填空。

Hello, This is Sherry's hotel , Can I _help_ you?
——您好，请问有什么可以帮助您的？

I'd like to
I want to _book_ a room.
——我想要预定房间。

We have single rooms, double rooms, suites and presidential suites in our hotel.
——我们有单间、双人间、套间和豪华套间。
I _want_ a single room _with_ window.
——单人间，有窗户。

预订酒店

因为有了视频做铺垫，填空部分相对来说是比较容易的，这一部分的难点是介绍酒店的各种房型：single room（单人间），double room（双人间），suit（套房）和 presidential suit（总统套房）。老师可以用图片辅助帮助理解并认读。难点突破后，老师可以带读对话，或者分角色朗读，使学生感知语言。

二、入住酒店用语

真正旅行开始后，我们首先会入住酒店，那么如何用英语办理 check in 手续呢？

1. 问候语

为了让孩子们更轻松地融入语言环境中，在这一环节中，我首先带大家温故了各种常用的打招呼的用语，这属于知识的回忆与延伸，既帮助低层面的学生温故知新，又能给高层面的学生带来小小的惊喜。

2. 办理入住手续

这是本课的核心内容，用时相对更多。首先由老师展示对话，并分饰两角，表现对话内容，重点突破新词 rate 、discount 的读音和意思；待学生领会对话内容后再分句教读；授新结束后再请同学两人一组，学习并操练对话内容，这一环节老师要多给孩子们练习的时间，并下到座位了解学生的学习情况，及时给予指导和帮助；操练结束后请优秀小演员上台展示对话，这时课堂进入第二个小高潮。

May I help you,sir?
——先生，有什么可以帮助您的吗？

Yes.I'd like to check in,please.
——是的，我想办理入住手续。

OK, sir. May I have your name , please?
——好的，先生请告诉我您的姓名。

Yes, it's Sam Smith.
——萨姆·史密斯。

Well, you've booked a single room.
——好的，您预订了一间单人房。

Yes .And what's the room rate today?
——是的，今天的房价是多少呢？

It's 100 dollars per day.
——单间的房费是每天100美元。

Any discount?
——能给我一些优惠吗？

Well, ten percent discount for VIP.
——会员打九折。

办理入住手续

3. 常见酒店场所标识及单词

这一部分知识属于拓展知识，也是实际生活中会用到的知识，孩子们在学习后可以回家告诉不懂英语的家长们，这样可以避免在旅行途中出现尴尬的情况。同时，看图猜场所又可以让刚刚陷入沉静的课堂重新活跃起来。

4. 办理退房手续

旅行即将结束时，我们需要办理退房手续，跟 check in 相对应的，我们在 check out 时需要做些什么？说些什么呢？先让学生思考，然后再出现对话，看是否与学生所想相符。这一部分对话相对弱处理，因为大部分对话内容，是我们以前学过的，需要强调的是关于如何询问价格，以及如何进行汇率换算。当然，现在一个手机就能帮我们解决这些问题了。

三、所学语言知识的巩固和运用

因为今天学习的内容是根据旅行的流程分时间来学习的，在授新结束后，我们需要一个环节来完整呈现，从而帮助孩子们梳理巩固所学知识，所以在这一部分我设计了两个环节——知识抢答和小剧场。

首先，用几道简单的选择题帮助同学们复习今天所学的重要知识点，问题集中出现，孩子能完整地感知所授知识。抢答题的形式，不但增添了课堂的趣味性，也让更多的孩子能参与到课堂中来。

其次，提供关键短语、句型、对话框，请孩子们与好朋友一起尝试预订酒店，办理入住及退房手续。这一环节考查学生的综合运用及小组合作的能力，能将所学知识马上转化为自己的语言，不是一件容易的事，小组合作能解决独立学习带来的弊端，同时，分角色的表演又能再一次激发学生的表现欲，引发本次课堂的最后高潮。

我们来说"礼"

授课讲师

　　文梦笔，长沙市雨花区卓越教师。获长沙市小学德育课程老师教书育人风采赛二等奖，长沙市雨花区思品课竞赛特等奖。

正文讲稿

一、读词导入

同学们，老师这里有几组词语，想请男生和女生合作朗读，男生读横线前面的，女生读横线后面的，试试看，好吗？这些词语与什么有关？"礼"。今天的道德与法治大讲堂，我们就一起来说说"礼"，来了解一下中国传统礼仪文化。

说"礼"

二、"礼"的起源和发展

1. "礼"的来源

说起"礼"，其实中华民族的历

史掀开第一页的时候，礼仪就伴随着人的原始祭祀活动而产生了。"礼"字，左边是"礻"，同"示"，"示"是"神"的本字。汉语中，大多数构形从"示"的汉字，本意多表示与恭敬地崇拜神的活动有关。右边是个"豊（丰）"，像豆形器皿里装满玉串，表示用最美好的物品敬拜神灵。

随着时间的推移，"礼"字经历了字形、字体的变化，逐渐发展成现在的"礼"字。

2."礼"的发展

"礼"从远古祭祀活动中兴起以后，不断发展，古代文献《通典》中有这样的记载——"自伏羲以来，五礼始彰；尧舜之时，五礼咸备"，也就是说，礼仪在伏羲时代就开始出现了，到尧舜时期，中国传统五礼就成形了。

到夏朝，"礼"越来越完善，夏朝结束之后的周朝制定了《周礼》，作为"三礼"之首，它展示了一个完善的国家典制，周礼让国家的一切都井然有序。春秋战国时期，"礼"又得到了孔子、孟子、荀子的重视和发展，他们纷纷把"礼"纳入到自己的学术思想中。

在长期的历史发展中，"礼"的内容不断调整和改变，"礼"成为中华优秀传统文化的重要组成部分，对规范人们的言行举止起到了重要作用。比如这些关于"礼"的名言就一直在指导着我们的言行。

不学礼，无以立。（《论语·季氏篇第十六》）

意思是，不学会礼仪礼貌，就难有立身之处。

非礼勿视，非礼勿听，非礼勿言，非礼勿动。（《论语·颜渊篇第十二》）

意思是，不符合礼教的东西不能看，不符合礼教的话不能听，不符合礼教的话不能说，不符合礼教的事不能做。

爱人者，人恒爱之；敬人者，人恒敬之。（《孟子·离娄章句下》）

意思是，爱别人的人，别人也永远爱他；尊敬别人的人，别人也永远尊敬他。

人无礼则不生，事无礼则不成，国家无礼则不宁。（《荀子·修身》）

意思是，做人没有礼节就不能生活，做事没有礼节就不能成功，治国没有礼节国家就不能安宁。

三、"礼"的成语和故事

自古以来，"礼"就深深地影响着华夏儿女。时至今日，传统礼仪文化在我们身边随处可见。你知道哪些与"礼"有关的成语和故事？

关于"礼"的成语和故事，时刻都在指引着我们做一个有礼之人，它们代代相传，深深地影响着千千万万华夏儿女。你还能回忆起哪些有关礼仪的故事呢？老师这里也有一个关于"礼"的故事——《六尺巷》。

清朝康熙年间，张英在朝廷当文华殿大学士、礼部尚书。老家桐城的老宅与叶家为邻，两家府邸之间有个空地，供双方来往交通使用。后来张家建房，要占用这个通道，叶家不同意，双方将官司打到县衙门。县官考虑纠纷双方都是官位显赫、名门望族，不敢轻易了断。在这期间，张家人写了一封信，给在北京当大官的张英，要求张英出面，干涉此事。张英收到信件后，认为应该谦让邻里，给家里回信中写了四句话：

千里家书只为墙，

让他三尺又何妨？

万里长城今犹在，

不见当年秦始皇。

家人阅罢，明白其中意思，主动让出三尺空地。叶家见状，深受感动，也出动让出三尺房基地，这就形成了一个六尺的巷子。两家礼让之举和张家不仗势压人的做法传为美谈。

这个故事告诉我们，做人要心胸开阔，与其为了一点利益和别人争得头破血流，不如主动礼让，正所谓"退一步海阔天空"。

四、中国古代五礼

由上面的礼仪故事可看出，礼仪在人与人之间有着非常重要的作用。中国传统礼仪的演变发展，经历了漫长而又曲折的过程，后来形成了中国古代五礼之说，它们分别是吉礼、嘉礼、宾礼、军礼、凶礼。大家来猜猜看，这五种礼仪对应的是哪方面的事情呢？

祭祀之事为吉礼，

冠婚之事为嘉礼，

宾客之事为宾礼，

军旅之事为军礼，

丧葬之事为凶礼。

吉礼居五礼之首，它主要是对天神、地祇（zhī）、人鬼的祭祀典礼；嘉礼是饮宴婚冠（guān）、节庆活动方面的礼节仪式；宾礼是接待宾客之礼；军礼是师旅操演、征伐之礼；凶礼是哀悯、吊唁、忧患之礼。

五、礼仪动作

源自华夏祖先的传统礼仪不仅在精神上指引着我们做一个克己复礼的人，华夏祖先还用肢体动作传递"双向对等""有序有位"的语言。

十种礼仪动作是：拱手礼、一拜礼、两拜礼、三拜礼、叩首礼、执手礼、推手礼、交手礼、揖礼、鞠躬礼。最常用的礼仪动作是拱手礼、揖礼、叩首礼。

拱手礼是相见或感谢时常用的一种礼节，双手互握合于胸前，一般右手握拳在内，左手在外。

揖礼，左右手的食指、中指、无名指、小指四指并拢，左掌抚托右掌背交叉或平叠，掌心朝内，左右拇指相扣，两手合抱，拱手为礼。此礼节文官武将或君臣均可使用，多用于文官。女子揖礼有所不同，双手叠抱于左腰前，右手在上，手心向内，欠身约20度。

叩首礼是用于下级对上级、晚辈对长辈的礼仪动作。行礼时，先脱帽，跪左腿，再跪右腿，双手齐按地，顿首至地，三叩而后起。

六、体验中国传统礼仪

同学们，自古以来，我国就提倡尊师重道的礼仪文化，特别是对刚入学的拜师礼仪尤为推崇和重视。刚刚我们了解了这么多礼仪动作，你们猜猜中国古代的拜师礼仪会用到其中的哪些动作呢？其实，古代拜师礼还有一道严格的程序。

第一，叩拜孔子。

第二，行拜师礼。

第三，师父训话。

大家发现没有，在古代学堂拜师中，大家最尊重的人是谁？孔子本人就是一个特别尊师重教的人，有一个故事叫《孔子拜师》，想听吗？

孔子年轻的时候，就已经是远近闻名的老师了。他总觉得自己的知识还不够渊博。三十岁的时候，他离开家乡曲阜，去洛阳拜大思想家老子为师。

曲阜和洛阳相距上千里，孔子风餐露宿，日夜兼程，几个月后，终于走到了洛阳。在洛阳城外，孔子看见一驾马车，车旁站着一位七十多岁的老人，穿着长袍，头发、胡子全白了，看上去很有学问。孔子想：这位老人大概就是我要拜访的老师吧！于是孔子上前行礼，问道："老人家，您就是老聃先生吧？""你是——"老人见这位风尘仆仆的年轻人一眼就认出了自己，有些纳闷。孔子连忙说："学生孔丘，特地来拜见老师，请收下我这个学生。"老子说："你就是仲尼啊，听说你要来，我就在这儿迎候。研究学问你不比我差，为什么还要拜我为师呢？"孔子听了再次行礼，说："多谢老师等候。学习是没有止境的。您的学问渊博，跟您学习，一定会大有长进的。"

从此，孔子每天不离老师左右，随时请教。老子也把自己的学问毫无保留地传授给他。

关于"礼"的故事还有很多，它们都包含在源远流长、博大精深的中国传统礼仪文化中，希望有兴趣的同学多去了解它们，在"礼"的浸润中，成为真正儒雅的人。

愤怒情绪的认识与管理

授课讲师

  盛思婷，执教 5 年，国家心理咨询师。所授课程获湖南省中小学心理健康教育优质课。7 篇论文获国家级奖，1 篇论文获省级奖。主持区级微课题 1 个，参与 2 个市级课题。

正文讲稿

一、认识愤怒情绪

  师：同学们，今天我给大家带来了 4 位神秘的小朋友，他们都很想和你们交朋友。我们先来看看他们是谁？原来是大家欣赏过的影片《头脑特工队》中的"乐乐""忧忧""怕怕"和"怒怒"，你最愿意和谁交朋友呢？

  生：乐乐，他让我们心情很好。

  师：很多同学都最想和乐乐做朋友，因为我们每个人都喜欢开心、愉快的感觉。怒怒也很想和你们交朋友，有谁愿意和怒怒做朋友吗？

  生 1：愿意，怒怒也有他的作用。比如，被欺负的时候，生气能够保护自己。

  生 2：不愿意，因为自己生气时很容易伤害别人。

师：其实愤怒是我们生活中常见的情绪，如果处理得不好会给我们和身边的人带来伤害。这节课我们就一起来认识并学习管理自己的愤怒情绪。

二、感受愤怒情绪

师：这两天，我就遇到了让我生气的事情。比如，昨天我忘了定闹铃，今天上班差点迟到，我对自己有一点生气。如果我的愤怒最大值是 100 的话，我估计今天的怒气值在 20 左右。你们有过让自己这样生气的时刻吗？

生：今天在走廊上，小康推了我一下，我有一点生气，不过他马上和我道歉了，我就不生气了。

师：另一件事情是，今天早晨，我在路上走着，差点被一辆自行车撞到，可是骑车的人连一声对不起都没有说就飞快地骑车走了，我很生气，怒气值到了 80。你们有过这样生气的时刻吗？

生：每次我和妹妹吵架时，妈妈总让我让着妹妹，我就会很生气，觉得不公平。

师：看来大家都有遇到过让你感到愤怒的事情，下面请大家在学案纸上画出对应的怒气值，并简单写下原因。

三、调节愤怒情绪

师：我发现大家都一样，生活中都会有愤怒的时候，只是愤怒的程度不同。那我们该如何调节、管理自己的愤怒情绪呢？我们先一起来看看小学生亮亮的故事。

亮亮今天早上起床时，发现已经 7：30 了，于是一边抓紧洗漱一边对妈妈生气："妈妈，怎么不叫我起床啊，迟到要挨罚的！"

没来得及吃早餐，亮亮就匆忙出门了，一不小心一头撞到门上："哎呦，连门都跟我作对，疼死了，倒霉！"

亮亮小跑着赶路，路上他扶着老婆婆慢慢过马路，赶到学校时已经迟到了，老师批评了亮亮，低头挨批评的亮亮小声嘟囔着："哼，做了好事还挨批评，真气愤！"

上课了，数学课是亮亮的重灾区，他习惯性地走神了。老师偏偏在这个时候提问他，亮亮生气地想："数学老师就是看我不顺眼，肯定是故意要我出丑的！"

终于放学了，下楼梯时，小俊不小心撞到了亮亮，亮亮心想："他肯定是故意的，今天个个都和我作对，连小俊都来找我麻烦。"于是，他冲上去和小俊打起来。

师：同学们，你们觉得亮亮这一天的心情怎么样？

生：一直都在生气。

师：会有什么样的后果呢？

生：会影响身体健康，还会影响学习和生活，让自己不开心。

师：那我们一起来想想有哪些好办法可以帮帮他吧。

生1：冷静，很愤怒的时候让自己尝试深呼吸。

生2：转移注意力，做些让自己高兴的事情，听音乐、阅读、运动等等。

生3：合理宣泄，比如打枕头，不过不能伤害自己和他人。

生4：照镜子，看看自己愤怒的样子，发现很难看，对着镜子笑一笑。

生5：自我反思，亮亮可以想想早晨起床晚了是不是自己也有责任，下次可以自己定个闹钟，不要总是依赖妈妈叫自己起床。

生6：换个角度看问题，数学老师提问是关心自己的表现，并不是想让我出丑。

生7：自我暗示，想生气的时候在心里让自己冷静，告诉自己发脾气解决不了问题，只会让事情越来越糟糕。

生8：倾听他人，当被小俊撞到的时候，问清楚原因，听听小俊怎么说。如果小俊是不小心的，就原谅小俊；如果他是故意的，就告诉小俊，下楼梯不能这样，要注意安全。

生9：好好沟通，告诉老师自己迟到的原因，自己起晚了，也扶了老奶奶过马路，相信老师也会理解的。

师：大家想出了很多好方法，随着你们慢慢长大，会发现更多的适合自己的好方法。刚刚你在学案纸上写下了哪两件让你愤怒的事情呢？说说你发现这里有什么好方法可以调节愤怒的情绪。

生1：昨天晚上妹妹把水洒在我的书桌上了，我当时很生气，冲着妹妹大喊大叫，妹妹就哭了起来。如果下次遇到这样的情况，我会先冷静下来，用纸巾擦干就行了，大喊大叫并不能解决问题。

生2：今天下课和同学玩游戏时，大家都不听我的，我当时很生气。但是现在想想，我应该和同学好好沟通，听听其他同学的想法，不能强求别人都听我的。

师：谢谢同学们的分享，这节课我们发现有很多好方法能帮助我们调节和管理愤怒的情绪。在面对自己的愤怒情绪时，大家都能够想到恰当的办法来调节。当下次面对愤怒情绪时，我相信同学们一定能更冷静、更机智地面对。

湖南民歌

授课讲师

汤雅棋，长沙市卓越教师、骨干教师，长沙市雨花区小学音乐名师工作室首席名师、区音乐学科带头人、区兼职音乐教研员。获全国第七届中小学音乐教师基本功比赛一等奖，全国湘艺版小学音乐教材现场赛课一等奖。参与湘艺版小学音乐教学参考书编写。作为主研人员参与的省级课题《小学各学段音乐欣赏教学的特征及策略研究》和《新课程背景下小学音乐课堂合唱教学改革的研究》荣获省一等奖。

正文讲稿

一、听着音频寻找湖南民歌

师：同学们，今天的音乐课，老师给大家带来一道民歌大餐。首先，让我们一起来回顾几首民歌，你能快速从中找出带有湖南味道的那首吗？（播放新疆民歌《掀起你的盖头来》、山西民歌《走绛州》、江苏民歌《茉莉花》、湖南民歌《一根竹竿容易弯》的音频素材。）

生：最后一首。

师：你是怎样判断出来的？（学生回答。）

二、聊着方言走近湖南民歌

1. 说一说

师：湖南位于我国的中部地区，复杂的人口结构和多样的地形环境造就了丰富的民歌文化，今天我们就沿着方言和地形的脉络走近湖南民歌。人们都说，湖南人讲话是很有腔调的，以湖南长沙的方言为例，当我们试着把长沙方言的发音与乐音的音高进行对照，发现可以归纳为以下几种发音：

发音音调：	6	61	631	1223	3	5
对应例字：	是	游	读 里	他 音 我	巨	

师：你可以用几句长沙方言来试一试。

生1：我喜欢吃水果。

生2：我爱上音乐课。

音调：	3	3	1	633	3
方言：	我	喜	欢	恰	水果。
语意：	我	喜	欢	吃	水果。

音调：	3	5	6	23	3 5
方言：	我	爱	上	音	乐课。
语意：	我	爱	上	音	乐课。

生3：我放学回家里。

生4：我要去吃饭了。

音调：	3	5	63	61	631
方言：	我	放	学	回	屋里。
语意：	我	放	学	回	家里。

音调：	3	5	5	63	6 5
方言：	我	要	克	恰	饭克。
语意：	我	要	去	吃	饭了。

师：你们看，光说话的音调里就带着这么有意思的高低起伏了，难怪说湖南人有腔调呢。不知道细心的你发现了没有，我们平时所唱的音阶当中是有七个音的，而刚才长沙方言那些反复出现的音当中缺少了哪几个音呢？

生：**4**和**7**。

师：是的，只出现了**5**、**2**、**6**、**5**、**6**五个音。看来它发音的主要音高要素正好与中国传统民族五声调式不谋而合，因为中国的五声调式就是由**1**、**2**、**3**、**5**、**6**五个音构成的。（出示PPT）

	五音音阶			
宫	商	角	微	羽
1	**2**	**3**	**5**	**6**

师：我们带上科尔文手势跟着琴声一起来唱一唱这五个音。

2. 听一听

师：在长沙方言中，**6̣**、**1**、**3**、**5**几个音出现的频率尤其高。都说中国各地民歌的特点是音随腔走，那这种颇有特色的方言腔调是不是也藏在湖南民歌当中呢，我们来听一听。（播放歌曲《一根竹竿容易弯》音频，同时出示曲谱。）

一根竹竿容易弯

$1={}^♭A$　$\frac{4}{4}$

湖南民歌
宋　扬　填词

中速稍快

6̲5̲ 6̲1̲̇ 3̇.5̲̇ 3 | 6̲5̲ 6̲3̲ 1̲̇6̲ 1̇ | 1̲̇6̲ 3̇ 2̲̇3̲ 6 | 1̲̇6̲ 5̲6̲ 3 - |
一根（那个）竹 竿 容 易 弯啰， 三缕呀 麻纱呀 扯 脱 难；

3̲3̲ 5 3̲3̲ 5̲6̲ | 3̲3̲ 5̲3̲ 2̲3̲ 1̲2̲ | 3̲1̲ 2̲3̲ 2̲3̲ 1̲̇6̲ | 1̇ 6̲3̲ 5 - |
猛虎啊 落在 呀 平阳（啰唶）地 哟， 蛟龙 啊无水 呀 困 沙 滩。

6̣̲.1̲ 6̲5̲ 3 5 | 6̲5̲ 6̲3̲ 1̲̇6̲ 1̇ | 3̲̇3̲̇ 3̲̇3̲̇ 5̲̇3̲̇5̲̇ 3̲̇6̲̇ |
（索那 依子 郎 当 郎当 依子 哟） 不怕 力小 怕孤 单啰，

1̲̇.1̲̇ 1̲̇1̲̇ 3̲̇1̲̇ 6 | 6̲5̲ 6̲1̲̇ 3̇ 3̇ | 1̲̇ 6̲1̲̇ 6̲5̲ 3 - ‖
众人 合伙 金不 换， 众人 （那个）合伙 金 不 换。

师：这首湖南民歌《一根竹竿容易弯》和湖南方言的音调有什么共同点吗？

生1：都只出现了1、2、3、5、6。

生2：3、5、6、$\dot{1}$、$\dot{3}$、$\dot{5}$出现的次数非常多。

师：是的，在湖南民歌中，常用到以6为主音的五声羽调式或以5为主音的五声徵调式。旋律当中常使用大小三度相结合的方式，比如$\dot{6}1$、13、35，还经常把6放在低音位置，有时与高八度的3音形成五度跳进，这些接近方言发音的音程所构成的旋律，让人们感受到湖南民歌中的音随腔走。

3. 学一学

师：请同学们逐句模仿老师的演唱，特别注意以下字词的方言发音，体会这种特色的方言和特色的调式所传递的湖南味道。

guò zóu yón sā cě wā xuǐ lán dān zòn
个 竹 容 纱 扯 啊 水 郎 当 众

三、变着唱腔韵味湖南民歌

师：湖南的方言颇有特点。湖南境内的方言主要有两种：一种是湘南地区盛行的西南官话，这种方言的音调比较平缓、音值较低；另一种是湘北地区常用的湘方言，湘北地区的方言音调起伏大、音值较高。因此，这些方言的不同特点也让湘南、湘北的民歌有了各自的特色。

1. 辨一辨

师：请你听听接下来这首湖南民歌，你能猜出它是来自湘南还是湘北吗？［播放歌曲《洞庭鱼米乡》（何纪光演唱版本）音频。］

师：来自湘南还是湘北呢？

生1：湘北。

师：你的判断依据是什么呢？

生2：旋律起伏较大。

师：是的，湘北也就是现在岳阳、益阳、常德等地，这里处于发达的长江流域。受到地形特点的影响，因为湘北水系发达，水上运输繁忙，所以湘北地区渔歌、船歌、号子和小调的歌种十分丰富；受到方言的影响，湘北民歌的旋律起伏较大，跳进较多，音区整体偏高。比如入选了第四批国家非遗名录的来自岳阳的洞庭渔歌就具有这种特点。

洞庭鱼米乡（节选）

1 = F　4/4　2/4

自由辽阔地

叶蔚林　词
白诚仁　曲

（乐谱）
洞 庭 啊 湖 上 啊 哟 哟 耶 哟 嚯 耶
八 月 呀 风 吹 呀 哟 哟 耶 哟 嚯 耶
洞 庭 湖 上 啊 好 哎 风 光。
八 月 风 吹 呀 稻 哎 花 香。

2. 唱一唱

师：刚才我们听到的这首《洞庭鱼米乡》正是来自湘北，它描述了洞庭湖上渔民美好生活的情景。演唱者是湖南籍歌唱家何纪光先生，他在这首歌曲的演唱中，还用上了高腔的演唱方式，你们知道是哪一句吗？

生："哟哟耶哟嚯耶"那句。

师：是的，洞庭湖上的渔民也会用这样的发声方式来吆喝、来唱歌，既能使声音传得远又很省力。那让我们也一起来唱一唱，感受一下湘北渔民愉快的心情。

师："哟哟耶哟嚯耶"。

生："哟哟耶哟嚯耶"。

师：现在让我们来合作一下，同学们唱衬词"哟哟耶哟嚯耶"的部分，老师来唱其他部分。（师生合作演唱《洞庭鱼米乡》。）

3. 找一找

师：湖南民歌经过时间的积淀和人民的传承，形成了独特的韵味，我们今天粗略地了解了方言和地形地域特点对湖南民歌造成的影响。那你能从接下来这首湖南邵东民歌《乡里妹子进城来》的旋律中找到独特的湖南味道吗？

乡里妹子进城来（节选）

1 = F　2/4

稍快　风趣地

邵　东

5 6̣ ‖ 1 6̣ 1 5 3 5 ｜ 6. 1 6 5 3 5 3 1 2 ‖

3 5 1 6̣ 1 3. 5 3 5 3 ｜ 1 6̣ 1 3. 5 1 2 1 6̣ ‖

师：你找到了哪些湖南特色？（学生回答。）

师：是的，歌曲中6̣、1、3、5音出现的频率非常高，6̣经常出现在低音位置，同时经常用到三度和二度音程。这首歌曲中还有一个特别之处是出现了七度跳进，你能找到它吗？

生：第一小节，5到6̣。

师：是的，请你们跟着琴声，一起来唱一唱它的谱子吧。（学生随琴唱谱。）

师：一般湖南民歌的旋律经常采用胡琴、铙等民族乐器伴奏，带上有滑音演奏的效果让音乐更有湖南味道。我们来听一听钢琴和胡琴演奏这句旋律的不同效果。（播放两段音频。）

师：哪段更有湖南味道？（学生回答。）

师：那让我们再次哼唱曲谱，尝试着唱得更有湖南味道。

四、编着曲调回味湖南民歌

师：你们唱得太有韵味了。今天我们边聆听边体会边感受，虽然只是浅浅地探究了湖南民歌曲调与方言和地形之间的联系，简单了解了它的调式特点，但湖南民歌的味道也在点点滴滴的细节中呈现出来。你能不能尝试着以6̣、1、3、5四个音为主自己创编一句旋律，来传递出湖南味道呢？（学生用创编旋律，老师用手机授课助手拍照并同屏展示、讲解学生作品。）

　　师：大家都做了大胆的尝试。在湖南这片土地上，因为它独特的风土人情和文化历史传承，才孕育出了风格独特的湖南民歌。除了今天我们听到的这几首，其实还有好多好多经典的湖南民歌，比如《嘀格调儿》《浏阳河》《马桑树儿搭灯台》《放风筝》《四季花儿开》等，既有鲜明的地域特色，又有对中华民族音乐文化渊源的传承。如果大家有兴趣，可以去寻找相关音频、视频或书籍深入了解，去细细品味这份独特的湖南味道。我们今天的课就上到这里，希望你们也和老师一样，爱湖南，爱湖南民歌，爱湖南民歌独特的味道。

中国民族乐器

授课讲师

　　崔丽姿，小学高级教师，从事音乐教学 28 年，砂子塘小学音乐组教研组长，长沙市雨花区骨干教师。所授课程获市、区督导评估"优秀课"，所授教案获市级一等奖。所带乐队在省、市艺术展演中获一等奖。10 篇教育教学论文获省、市级奖励。被评为雨花区优秀教师。

正文讲稿

一、民族乐器的分类

　　我们中华民族历史悠久，文化艺术源远流长。五十六个民族各有特色或地域风情，人们用本民族乐器演奏音乐，以此来表现生活和表达情感。我国的民族乐器众多，它们代表着中国传统音乐文化，是属于中华民族独特的乐器。

　　民族乐器一般包括弹拨乐器、吹管乐器、拉弦乐器、打击乐器四大类。请学生说一说这四类乐器分别有哪些乐器。弹拨乐器有古筝、扬琴、琵琶、古琴等；吹管乐器有竹笛、箫、芦笙等；拉弦乐器有二胡、马头琴、三弦等；打击乐器有锣、鼓、编钟等。

二、古老的民族乐器

中华民族的乐器，品种繁多，历史悠久。下图这个乐器距今有八千年的历史了，请同学们猜一猜它的材质和名称。

贾湖骨笛

原来，这是一支笛子，是用丹顶鹤翅膀上的一根骨头制作而成的。这是目前我国发现最早的乐器，因为出土在河南贾湖地区，又用骨头制作而成，所以命名为贾湖骨笛。20 世纪 80 年代中期出土了十多件骨笛，出土的古笛制作非常规范，大多为七孔，个别笛子在主音孔旁还开有调音的小孔。有的笛子在穿孔前先划上等分符号，然后钻孔。这说明我们的祖先在几千年前制作骨笛时，就经过了精确的计算，制作乐器的水平非常高。

我们中华民族是个热情好客的民族，在 2008 年奥运会开幕式上，为了迎接全世界的观众，2 008 位演员表演了一个精彩的乐器节目，他们演奏的是中国古老的打击乐器——缶。

缶

缶，是中国最古老、最简单的打击乐器之一。缶本是用来装酒的瓦器，敲打起来就算是音乐了。《说文解字》一书中解释："缶，瓦器，所以盛酒浆，秦人鼓之以节歌。"在中国古代典籍中，多次提到"击缶"。我们来听一个记载在《史记》中的"击缶"的故事。

相传公元前279年，秦王派使者约赵王在渑池（今河南渑池县）相会。宴会上，秦王盛气凌人，并假装酒醉，旁敲侧击，戏弄赵王，说道："寡人听说赵王善于弹瑟（一种古代弦乐器），今日盛会，请赵王弹一曲助兴。"赵王不敢不依，勉强弹了一曲。哪知，赵王正中圈套，秦国的史官赶快把这事记载下来："某年某月某日，秦王与赵王喝酒，秦王命令赵王鼓瑟。"蔺相如见此情景，非常气愤，上前对秦王说道："赵王听说秦王很会击缶，今日盛会，也请大王击缶助兴。"秦王不肯，厉色拒绝。蔺相如说道："大王如果一定不依，在这五步之内，我愿意以颈血溅在大王身上。"秦王左右立即拔出刀来，要杀蔺相如。蔺相如面不改色，大声呵斥，众人吓得目瞪口呆，空气异常紧张。后来秦王迫不得已在缶上敲了一下。蔺相如立即命令赵国的史官记录下来，说："某年某月某日，秦王为赵王击缶。"

这就是历史上最有名的一次关于缶的记载，记录在《史记·廉颇蔺相如列传》中。

随着社会的进步，我们的祖先在烧制陶瓷的基础上，逐步掌握了青铜器的制作，于是产生了铜鉴缶。铜鉴缶非常讲究，外套为鉴，缶在其中，缶的外壁和鉴的内壁之间有很大的空间，具有冰镇、加温酒浆的双重功能。

2008年北京奥运会开幕式上表演的缶，是聪明的现代人把古老的铜鉴缶和现代电子技术结合起来做成的。电子缶有闪烁的灯光，精确显示了会场倒计时的数字，还演奏出了振奋人心的声音，让世界记住了这激动人心的时刻。这是我们中国人的骄傲。

听了缶的故事，看了骨笛的图片，同学们一定明白了我们中国民族乐器的来

铜鉴缶　　　　　　　　　　　　　　电子缶

源。我们的祖先智慧、勤劳，他们捕食猎物，用动物的骨头做成乐器；他们喝着自己酿造的美酒，把盛酒的器皿也当作乐器。他们在劳动中、在生活中不断创造、发明了众多的民族乐器。

三、欣赏体验

1. 欣赏学生琵琶演奏《浏阳河》

琵琶是极富民族特色的弹拨乐器之王，木质或者竹质，四根弦，颈与面板上设有用以确定音位的"相"和"品"。左手按弦，右手五指弹奏，它的声音穿透力强，明亮而富有刚性，柔和又音质淳厚。演奏者右手带着假指甲，是为了能更有力度地弹拨，把乐器的声音淋漓尽致地表现出来。琵琶的发展在唐朝时期出现一个高峰，当时上至宫廷乐队，下至民间演唱都少不了琵琶，琵琶在当时称为盛行的乐器，而且在乐队中处于领奏的地位。琵琶的表现力丰富，既可以表现《浏阳河》这样优美抒情的乐曲，也能表现其他速度较快、活泼欢快的乐曲。在唐朝诗人白居易诗歌《琵琶行》中所描绘的"大弦嘈嘈如急雨，小弦切切如私语，嘈嘈切切错杂弹，大珠小珠落玉盘"，是琵琶名副其实的演奏效果。

2. 欣赏老师葫芦丝演奏《月光下的凤尾竹》

葫芦丝的丝是指什么？你知道乐器名字的来源吗？

葫芦丝的"丝"是指其音色听起来像丝绸披在身上一样丝滑、柔和。这与葫芦丝的演奏技巧有关，经常用到滑音、打音等一些技巧，这些技巧会让音乐更加连贯、优美，极富民族特色。葫芦丝的形状和构造别具一格，它由一个完整的天然葫芦、三根竹管和三枚金属簧片做成，所以综合其外形和音色特点，取名葫芦丝。它是云南少数民族吹管乐器，最适于演奏旋律流畅、抒情的乐曲。

3. 参与体验

请同学们闭上眼睛，听听这是什么声音？（锣）哈哈，锣是我国传统的打击乐器。一般说来，敲锣打——什么？对了，敲锣打鼓。锣鼓是我们中国人用来庆祝热闹场面的常用乐器。你想想，这锣鼓一敲，声音多响，十里八乡的人都能听到，确实够热闹的。有位著名的音乐家聂耳，他写了一首《金蛇狂舞》，你知道金蛇是指什么吗？（龙舟或龙灯）

（引导学生，师生合作，用多种形式模击锣鼓节奏，感受热烈、欢快的气氛。）

四、总结

国乐飘香，源远流长。同学们，今天我们所学的民族乐器你印象最深的是哪些？希望你在以后的学习生活中，不断发扬、继承我们优秀的民族音乐。

当童年遇上阿卡贝拉

授课讲师

梁宁佩紫，从教 3 年。指导学生在市、区艺术展演中获一等奖。2 篇论文获市级奖励。

正文讲稿

一、视频导入，激发兴趣

师：同学们，在上课前，老师有一个问题，如果世界上的乐器都消失了，还会有音乐的存在吗？我这里有一段音乐，看它能带给你什么感受？（播放《熊出没》主题曲（阿卡贝拉版），视频素材贴近学生，能够很好地激发起他们的兴趣。）

师：看完了，大家感觉怎么样？这种演唱究竟有什么特别之处呢？

生：演唱者用人声模仿乐器的声音加入了合唱当中。

师：其实这并不是一件很难的事，不如我们来试一试。

二、体验阿卡贝拉

1. 模仿乐器，击打节奏

（1）沙锤

师：我们常见的打击乐器——沙锤的音效是怎样的呢？大家先自由地用人声模仿一下。（学生先自由模仿，老师引导发出 ci 的音效。）

师：找着感觉了吗？那这里有一段节奏，我们模仿沙锤的音效来试一试。先听一遍，请你一起来。再来，再一次。

沙锤　$\frac{4}{4}$　0　X X　0　X X｜0　0　0　0 ‖
　　　　　　　ci ci　　　ci ci

师：怎么样？我想大家的节奏感应该都不错，那就让我们把这段节奏连续来四遍。准备好了吗？

（2）鼓

鼓　$\frac{4}{4}$　X　0　X　0｜X　X　X　0
　　　　pu　　　pu　　　pu　pu　pu

师：可能还有同学会更喜欢鼓的音效，鼓的音效是怎样模仿的呢？那得看你能不能闭紧嘴唇往外喷气，发出"pu"的声音。像这样。（老师示范一遍，充分引导学生感受音效。）你成功了吗？我们来完整地试一次。

（3）贝斯

贝斯
$1=\flat E$　$\frac{4}{4}$

1　0　$\underset{\cdot}{5}$　0｜2　0　$\underset{\cdot}{5}$　0｜2　0　$\underset{\cdot}{5}$　0｜3　0　$\underset{\cdot}{5}$　0｜
bong　　bong　　bong　　bong　　bong　　bong　　bong　　bong

3　0　$\underset{\cdot}{5}$　0｜4　0　$\underset{\cdot}{5}$　0｜2　0　$\underset{\cdot}{5}$　0｜1　0　1 ‖
bong　　bong　　bong　　bong　　bong　　bong　　bong　　bong

师：其实呀，在这段音乐中，还有一个最最重要、像根基一样无可替代的声部，那就是贝斯声部，他是用人声模仿低音提琴拨弦的声音。（播放低音提琴拨弦视频，学生感受音效。）

师：就像这样，那我们跟着音乐用 bong 的音效来模仿一下这段旋律。（师生一起用 bong 的音效哼唱旋律。）

师：我们跟着科尔文手势再来唱一次。（老师用科尔文手势带领同学们再唱一遍。）

2. 师生合作练一练

师：当这三种声音合在一起会是怎样的效果呢？我们一起来试一试吧！（出示三声部节奏谱，学生可自由选择喜欢的声部参与体验，师生合作完成。）

三、感受阿卡贝拉

1. 阿卡贝拉的定义

师：其实我们刚刚玩的是一种纯人声无伴奏的合唱形式，这就叫作阿卡贝拉。阿卡贝拉是一种不使用任何伴奏乐器、仅用纯人声的合唱形式。

2. 音频感受

师：中央少年广播合唱团的同学们就用这种独特的演唱形式来展现了中国少年的声音力量，我们一起来听听吧？（播放音频素材《少年中国》。）

3. 视频感受

师：当他的唱腔中融入了中国民族乐器的元素时，又会是怎样的效果呢？［播放视频素材《春节序曲》（阿卡贝拉版）。］

师：在这段音乐中，演唱者模仿了哪些乐器呢？

生：他不仅用人声模仿了西洋乐器小提琴、单簧管、贝斯，还模仿了中国传统的民族乐器，比如笛子、小鼓。

师：说得没错，甚至他还敢于突破和创新，把随手拿起的厨具产生的音效也加入其中。当我们沿着创新的路径前行，深厚的中国文化底蕴成为我们源源不竭的动力。于是我们看到，当阿卡贝拉与京剧相遇，碰撞出了怎样精彩的火花。接下来，就让我们一起来欣赏阿卡贝拉版的《打虎上山》。

四、合作演唱阿卡贝拉

1. 在旋律中，分声部参与

（1）主旋律

师：不知道你是不是和我一样，听完后热血沸腾，原来阿卡贝拉如此有魔力。让我们也赶紧进入到这份音乐的精彩中去吧。这里有一首大家很熟悉的歌曲，我们先跟着旋律一起来唱一唱。（老师带唱歌曲主旋律。）

（2）沙锤

师：我们如何用阿卡贝拉的方式让歌曲更加丰富、好听呢？请你回忆一下。

生：我们可以将人声模拟乐器的声音加入歌曲中。

师：没错，我们来复习一下之前玩过的那段节奏，首先请你跟着旋律，自己试一试。（老师唱主旋律，学生模仿沙锤的节奏。）

师：跟旋律合作的感觉怎么样？我们再来一次吧！（老师唱主旋律，学生模仿沙锤的节奏。）

（3）鼓

师：效果很特别哟！那鼓的玩法你还记得吗？复习一下。（学生模仿鼓的节奏。）

师：我们同样来合作一下，老师唱主旋律，你来模仿鼓的音效。（老师唱主旋律，学生模仿鼓的节奏。）

（4）贝斯

师：是不是找到一些感觉了？那我相信你模仿贝斯也一定不在话下。（老师唱主旋律，学生模仿贝斯。）

师：现在老师跟你们互换一下，你来哼唱主旋律，我来唱贝斯声部。（老师模仿贝斯声部，学生唱主旋律。）

（5）二声部旋律

师：耳朵敏锐的同学一定发现了，在歌曲的旋律部分，不是只有一个人声声部在演唱，我们一起来听听这两个声部。

师：现在，请你跟着琴声一起来唱一唱人声2的旋律。我们来尝试着听高唱低，请你听着人声2的旋律来唱人声1。

师：有难度吗？现在我们来听低唱高，请你听着人声1的旋律演唱人声2。

幸福拍手歌
(阿卡贝拉版)

2. 完整演唱

师：看来每一个声部都难不倒你，请你选择一个自己最喜欢的声部参与进来，可以是模拟乐器的音效，当然也可以是歌曲的旋律声部。（师生合作演唱阿卡贝拉。）

师：还没过瘾吧，那你就换一种方式再来试试。

五、拓展延伸

师：玩到这里，你一定发现了阿卡贝拉这种音乐形式可以让单一的旋律变得更加立体和丰富，那我们可不可以把这种方式运用到平时的生活当中呢？有一首歌曲你一定经常在亲人、朋友和自己的生日时听到，在今天的学习之后，当你再唱到这首歌时，会不会有什么不同呢？我们不妨边听边思考一下，这个小挑战就留给你自己去尝试。

师：同学们，不知道这些音乐有没有把你的耳朵叫醒呢？原来，人类的声音才是最美妙的乐器。你喜欢这种音乐形式吗？希望音乐能够带给你更多的快乐。这节音乐课就到这里，最后让我们在一首阿卡贝拉中结束本堂音乐课。

玩转圈圈

授课讲师

汤哲，二级教师，从教 8 年。获长沙市雨花区"优秀共产党员""五四青年教学岗位能手""优秀体育工作者""优秀体育老师""优秀教练员"等荣誉称号。教学论文获得国家级奖 4 次、省级奖 3 次、市级奖 6 次。执教的优课获得 2019 年度部级优课。

正文讲稿

一、导入

同学们，大家好！我是汤老师！今天这堂课请大家和汤老师一起开心地玩起来，好吗？

今天我们的课题叫作《玩转圈圈》，首先请大家观看视频，视频中的小姐姐是不是在转呼啦圈？但是，她不单单是腰部在转呼啦圈，她的两只手、颈部、胸口、大腿、膝盖这些部位也在转呼啦圈，她一次可以转 7 个呼啦圈。大家说她厉不厉害？老师觉得非常厉害！老师觉得她不是在简单地"转"呼啦圈，而是在"玩转"呼啦圈了！视频中的小姐姐能将呼啦圈玩得如此精彩，此时是不是应该有点掌声？

今天，汤老师就带领大家一起来认识圈圈，同时也带着大家以不同的形式来玩转圈圈，大家有没有信心？

首先，老师问大家，在我们的生活中，你见过哪些圈圈？

ⅰ. 铁环；ⅱ. 敏揉圈；ⅲ. 钥匙扣；ⅳ. 呼啦圈；ⅴ. 乾坤圈。

它们有哪些共同的特性？

第一，圆形封闭的环；

第二，立起来可以滚动；

第三，立起来可以钻过去；

第四，可以利用它套别的东西。

既然它们有以上特点，接下来，发挥我们的想象力，利用它们的特性，我们将圈圈玩起来，好不好？

二、引入游戏

接下来老师介绍几种简单易操作的玩法，带领大家一起玩起来，但是老师有要求，一定要遵守游戏规则。体验之后，大家总结一下这些游戏可以帮助我们提升身体的哪些素质？

1. 跳圈接力赛

规则：4人为一队，各队在相距5米的场地上，两边各站2人。一端的队员将圈圈摆在起点线后，然后站在圈圈里面，听到比赛开始的哨声之后，队员拿起圈圈，使之从脚至头穿过全身，从头顶取出圈圈后，往前投掷到距离合适的位置，然后采用立定跳远的方式跳进圈圈里，依次向前移动到对面，然后接力往返，直至最后一名队员完成比赛，用时短的队伍获得胜利。

注意事项：若没有跳进圈圈，须返回起点线重新开始。

帮助提升：腰腹部力量，跳跃能力。

2. 钻圈接力赛

规则：4~6人为一队，各队在距离为10米的场地上手拉手站成一条直线，听到比赛开始的哨声后，排头同学通过扭动身体让圈圈从身体一侧穿过，并传递给下一名同学，完成的同学后迅速跑到队尾，拉住最后一位同学的手。依此类推，先到终点的队伍获胜。

注意事项：在游戏过程中要始终牵好手；不能用手抓住圈圈穿过身体并传递。如若违反规则，须从起点处重新开始。

帮助提升：敏捷能力，柔韧素质。

3. 齐心协力夹圈跑

规则：4人一队，各队在距离为10米的场地上，两边各站2人。听到比赛开始的哨声后，起点两人用身体的躯干任意部分协调配合夹住圈圈，并向前行进至终点，终点两人配合夹住圈圈后，快速返回至起点，依次接力直至最后一组队员冲过终点线，用时短的队伍获胜。

注意事项：在行进期间，任何队员不得用手触碰圈圈；在行进的过程中，圈圈不能落地。如若违反规则，须从起点处重新出发。

帮助提升：身体协调能力，团队配合能力。

三、鼓励学生创编游戏

同学们发现了吗？简单的圈圈通过各种创意的组合、排列，就能成为大家锻炼、娱乐的游戏。汤老师已经带领大家玩了3个游戏了，我们能不能自己创编一个游戏呢？大家赶快开动脑筋吧！

同学们在思考的同时，老师也提醒大家：我们在创编游戏时，一定要将安全放在第一位；给创编的游戏取一个适合的名字；计算好游戏所需的场地面积；制定简单有效的规则，保证游戏的公平；如若需要，设置一些特别的注意事项。

通过刚刚同学们的讨论，老师基本了解了同学们的创意来源。大家都喜欢下五子棋，并且，五子棋是圆形的，而棋盘上落子的洞洞也是圆形的，与我们今天上课讲的圈圈形似。因此，同学们想将五子棋搬到户外，以游戏运动的形式来开展，是吗？那么，就让我们一起来创编这个游戏吧！

游戏名称：九宫格"3"子棋。

规则：3人为一队，游戏时两支队伍同时开始。在距离起点线15米处，用圈圈摆放一个九宫格。比赛前两队各选一种颜色的棋子，每人拿好一颗，听到比赛开始的哨声后，第一名同学快速起跑并跑至九宫格处，将棋子摆放其中后迅速折返，并与起点的后一名队员完成交接，后面的同学依次完成。如下完 3 颗棋子不能分出胜负，两队继续采用接力跑的方式进行比赛，通过比赛使本队的棋子在九宫格中变成一条直线（横竖斜皆可），先完成的队伍获胜。

注意事项：不得移动对方的棋子；每一次只能移动一颗本队的棋子。

发展提升：速耐能力（速度与耐力），观察能力，反应能力。

老师总结：好了，我们本堂课就玩到这里吧！其实啊，汤老师的"玩转圈圈"还远远不止以上游戏，比如说还有穿越隧道、跳格子比赛、滚铁环接力赛等。

圈圈是生活中常见的物品，也是体育训练时的辅助器材，但是老师灵机一动，想要将它推广成为同学们课间游戏的一种道具。这样既让同学们获得了游戏的快乐，又能够帮助同学们锻炼身体，提升素质，是真正的一举多得！

老师讲了这么多玩转圈圈的游戏，聪明的同学们刚刚也和老师一起成功创编了一个小游戏，你们还能想出更多好玩的游戏吗？请大家在课后带着老师关于创编游戏的温馨提示去积极思考并讨论，然后将讨论所得和你的小伙伴们进行分享，最后带领他们去操场上开心地实践吧！

铁环滚滚

授课讲师

　　陈白塑，小学一级教师，从事体育教学9年。连续6年参与青年老师教学比武和体育教材的开发课研讨，推出了3堂体育系列大讲堂，其中《铁环滚滚》《我们去野吧》大讲堂课程在校内外巡讲7次。

正文讲稿

一、课堂导入

　　师：同学们好！今天我们体育大讲堂的主题是《铁环滚滚》。相信现在讲到滚铁环，大家一定不陌生，因为在刚刚过去的校运会上，我们班很多同学都参与了这项运动。据陈老师了解，我们班在这个运动中还获得了不错的成绩，那么今天的课堂，老师将带大家一起走进铁环运动。

二、滚铁环的历史

　　师：首先请同学们跟随老师一起去感受2组镜头。

　　第一组镜头：20世纪60—70年代的中国，孩子们没什么玩具，铁环、沙包、皮筋等成了孩子们特有的玩具。铁环在街头巷尾滚动发出清脆的声响，吸引了大家

滚铁环

的关注，很快成了时尚。成群的孩童在大街小巷找铁，然后奔向铁匠铺，为的就是打造一个属于自己的铁环。

第二组镜头：走进我们今天的校园，同学们穿着整齐的校服，带着鲜艳的红领巾。相比以前，我们的穿着已经有了很大的改变，但不变的呢？则是我们的铁环运动。同学们传承着这一民族体育活动，铁环运动也成为了我们今天校园体育生活的一部分。

三、铁环的制作方法

师：以前，商店里可没有铁环卖，得自己动手做，同学们知道去哪里找材料吗？大家看看右边这张图片，这是什么？和我们现在用的又有什么区别？

生：是桶子，是木头做的水桶，现在用的是塑料的、铁的。

师：在图片上，大家能够找到铁环吗？

生：能！上面有一个铁圈。

师：是的，木质水桶的中间都会用铁圈捆绑起来。当

木桶

时，谁家挑水的木桶烂了，这可是孩子们争抢的宝贝呀！丢弃的箍桶的铁丝圈、废钢筋、旧钢箍等等，均是制作铁环最好的材料。钩则是用铁丝折成一个"U"字形钩头的铁钩。

　　用铁钩推动铁环向前滚动，以铁钩控制其方向，可直走、拐弯。滚铁环的动作有一定的难度，需要一定的技巧。技术好的孩子能把铁环从家一路滚到学校，绕过各种障碍，甚至可以过水塘、上楼梯，别的孩子只有在一旁羡慕的份。

四、滚铁环的方法

　　师：同学们，接下来，我们来玩一个小游戏。请问同学们有没有玩过一种叫作"找茬"的游戏？现在来看看我们班哪位同学找茬的功夫是最棒的，请仔细观察，两张图有什么不同之处。（播放滚铁环的两种方法图。）

内扣法　　　外勾法

滚铁环的两种方法

　　（学生举手回答。）

　　师：非常棒，同学们很快就找出了不同之处，那么同学们找出的这两个不同点就是滚铁环运动两种常用方法的最大区别。

　　右边的这种方法，请同学们仔细看看，铁钩是怎么样勾住铁环的？对了，铁钩是直接勾住铁环的外侧向前滚动，这种方法就叫作外勾法；而左边的这种方法，铁钩从铁环的内侧穿过之后再勾住铁环，这种方法叫作内扣法。

　　请同学们再仔细看看外勾法，这种方法既有优点，也有缺点。请同学们思考一下，外勾法有些什么样的优缺点呢？

　　　　外勾法的优点：钩对环的阻力小，铁环向前滚动的速度较快。

　　　　外勾法的缺点：在滚动过程中，钩容易与环脱离。

　　而我们的内扣法同样也存在优缺点，那又是什么呢？

　　　　内扣法的优点：能做出快速转弯、跳跃等技巧动作。

　　　　内扣法的缺点：直线前进速度稍慢，技巧动作有一定的难度。

五、学生体验、老师展示

　　师：同学们，我们已经了解和学习了滚铁环的两种方法，大家想不想上来尝试练一练呢？

　　生：想！

　　师：老师想请几组同学上台来体验两种不同的滚铁环的方法。

师生练习滚铁环

　　师：接下来，掌声有请我校铁环队的同学上台展示。看到同学们学习的热情、队员们精彩的展示，老师也想参与体验和挑战——滚铁环上下楼梯绕场一周，同学们想看吗？

　　生：想！

六、民族文化传承的精神

　　同学们，大家在体育课上、在运动会中参与过很多体育项目，如滚铁环、踢毽子、投沙包、打陀螺、跳皮筋、踩高跷游戏等，这些都是我们中华民族的传统体育运动。每4年我们国家就会举办一次民族传统体育运动会，这是中国人民所特有的"奥运会"。这些运动项目大多器材简便、朴实无华，既能够达到强身健体的目的，又有着寓教于乐的教育意义。举办这样的民族运动会象征着国家的繁荣兴盛、民族的团结安康，是中华民族体育文化自信的展示。

　　同学们，这些中华传统运动项目可是我们爸爸、妈妈、爷爷、奶奶小时候最爱的游戏和活动哦！希望通过今天的体育大讲堂的学习，大家回家后跟自己的家人也能互动起来，一起来滚滚铁环、打打陀螺、踢踢毽子，增进家庭乐趣的同时，也期待砂小的同学们在校园学习和家庭生活中，将中国的传统体育文化不断地传承和发扬下去。

远离运动损伤　做好身体自护

授课讲师

　　周浪，中小学一级教师，从教 10 年。长沙市田径和定向越野优秀教练员，长沙市雨花区优秀教师。执教的《初步探秘定向运动》获全国十四城市第六届体育教学录像课比赛一等奖；课例《运动参与——体验运动乐趣与成功》被评为"省级优课"。2 篇教育教学论文获国家级一等奖，2 篇教育教学论文获国家级二等奖。

正文讲稿

一、导入

　　同学们，我们的生活中随处可见运动的身影，运动是为了增强体质，但不恰当的动作又可能给我们带来伤害。接下来，我们一起来观看一段视频。

　　从视频中大家看到了这些伤害都源于我们的生活，有在家中做家务被利器刮伤的，有在野外攀爬摔断了手臂的，有在运动会上扭伤了脚踝的，还有被高空抛物砸伤了头部的……

　　如果这些发生在你的身边，你该怎么办？

有的同学说可以大声呼救，也有同学说可以打急救电话。

你们的这些方法都是对的，可是救护车和相关人员赶来也需要一定的时间，这期间我们是否可以先做处理？今天就跟老师一起来学习常见的运动损伤处理知识。

二、常见损伤的处理

1. 生活中常见案例及处理

你们的生活中出现过哪些损伤让你们措手不及呢？聊一聊你们遇到的情况，你们又是怎样处理的呢？

甲同学讲到他喜欢打篮球，有一次被同学用力过猛撞击，脸上的皮肤裂开了，庆幸伤口不大，到学校医务室经过消毒处理贴上创可贴黏合了。这叫撕裂伤。

乙同学说他在课间追跑，因为地面湿滑，拐弯时摔了一跤，手撑地挫伤了，同时膝关节磨破了皮，当时就大哭了起来。然后他被老师遇到并安排送到医务室，校医检查后给手做了冰敷，然后喷了药，擦破皮的地方用了碘酒消毒。这就是常见的擦伤和挫伤。还有一种是因场地器材的问题导致的扭伤，就是我们常说的崴脚。

丙同学说她下课跟同学追打，在拐角处跟同学迎面碰撞，鼻子出血了。旁边的同学看到都很惊慌，而她当时很淡定，找来纸巾擦拭后，用干净的纸巾堵住了鼻孔。为会自己动手处理问题的同学点赞。

还有同学上课跑步，跑着跑着喊肚子痛，停下来休息一会又好了。这叫运动性腹痛。

（1）撕裂伤

撕裂伤在有冲撞的运动中，以及对抗性比赛中很常见。如果创口较小的话，经消毒处理后，用黏膏或创可贴黏合即可。如果撕裂创口较大，则需要止血，缝合创口。若更为严重的话，则需要注射破伤风抗毒血清，并结合抗生素进行治疗。我们还有爱玩滑冰的同学，在这个项目中，我们应注意冰刀给我们带来的切割伤，如果出现这类问题也用撕裂伤方法处理。

（2）擦伤

擦伤是皮肤受外力摩擦时出现的伤口。如果创口较浅、面积较小，我们可以简单地消毒或者贴上创可贴。如果创口有异物，我们要用生理盐水冲洗干净、消毒，然后用凡士林纱布覆盖创口并进行包扎。包扎是常用的急救措施之一，后面我们会重点讲解。

（3）扭伤

扭伤属于急性损伤，运动时准备活动不足、场地器材不符合要求等容易出现扭伤。它早期可能有红、肿、热、痛和功能障碍，我们应用冷水、冰块等冷敷，然后抬高伤肢，加压包扎，药物内服、外敷。到了中期，可理疗，按摩，针灸，给痛点注射药物，外贴或外敷活血、化瘀、生新的中草药等。再到晚期，损伤已基本修复，就以按摩、理疗和功能锻炼为主。有的人因为当时大意，想着快好了又去跟同学踢球，让急性损伤转变为慢性损伤，慢性损伤的治疗方法与急性损伤的中、后期处理大致相同。挫伤的处理与扭伤大致相同。

（4）流鼻血

流鼻血属于外出血，流鼻血不只因粗野动作的碰撞才发生，还可能因干燥的天气、个人体质等，还有些同学喜欢抠鼻孔，这也会导致流鼻血。刚刚丙同学的处理叫填充止血，就是用无菌棉球或者干净的纸巾塞住出血鼻腔 10～15 分钟；可以压迫止血：低头、身体前倾、张开嘴呼吸，并用食指和拇指捏住鼻翼两侧，向后上方按压 5～10 分钟，如果单侧出血则压迫出血的一侧，不要仰头，避免鼻血流入呼吸道造成窒息；还可以冷敷止血，即用冷毛巾敷在鼻梁上，使鼻部毛细血管收缩，帮助止血；最后，止血后还可以涂药。重度的需要及时就医。像这种出血的症状还有很多种，除了刚刚讲到的三种处理方法，还有常见的抬高伤肢法、加压包扎止血法、加垫屈肢止血法、止血带止血法。

（5）运动性腹痛

运动性腹痛是运动过程中常见的一种症状，在中长跑、自行车、篮球等运动项目中发生率较高，但基本上找不到原因，可又与训练有关。你们知道吗？出现运动性腹痛的主要原因是缺乏锻炼或者训练水平低，准备活动不充分，精神紧张，身体状态不佳，运动时呼吸节奏不好，等等。就像我们很多同学热身跑时喜欢时快时慢，这种突然加速也会造成腹痛。如果是运动中加速后出现的腹痛，我们应当减慢速度，做深呼吸，可适当按压疼痛的部位，或弯腰跑一段距离，必要时可以停止运动。另外，我们运动前应做好充分的准备活动，合理膳食，且应全面加强身体素质训练。

生活中除了这些，还有各种各样的损伤，比如关节脱位、骨折等，这时候我们应用夹板托住保护患肢，尽快送医院处理。

2. 包扎方法

包扎在损伤处理中应用范围很广，可以起到保护创面、防止感染、固定敷料、支托伤肢、止血和止痛的作用。接下来，我们重点来学习绷带包扎法。

（1）绷带包扎

包扎时，我们先要将绷带固定在伤肢附近，接下来看老师如何来固定绷带，以手腕为例：

步骤1：将绷带一端斜置包扎部位的下方，用绷带做环形包扎；

步骤2：将斜出的一角露出；

步骤3：再把斜出部分上折；

步骤4：再环扎2~3圈；

步骤5：包扎完后将绷带留适当长度剪开；

步骤6：打平结或用胶布、安全别针固定好剩余的绷带。

（2）包扎方法

接下来就是不同的包扎方法，针对不同部位使用。同学们可以拿出准备好的绷带跟着老师一起练习。

●环形包扎法

多用于定带（固定）或结带（结束），刚刚老师操作过。将绷带头端固定在需包扎部位，绷带一圈盖过一圈地环扎，环扎圈数按需要而定，末端绷带剪开打结或用胶布固定。

适用于肢体较小或圆柱形部位，如额部、手腕和小腿下部等粗细均匀的部位。

- 螺旋包扎法

先做两周环形包扎固定，再向近端呈 30° 角螺旋形缠绕，每一圈盖过前一圈的 1/2 或 2/3，末端剪开打结或用胶布固定。

多用于肢体粗细相差不多的部位，如手指、上臂和大腿下段。

- 转折包扎法

固定绷带后向上斜扎做螺旋包扎，然后一手指按住绷带上面正中处，另一手将绷带自该点向下反折，盖过前一圈的 1/2 或 2/3，末端剪开打结或用胶布固定。每一次反折整齐排列成一条直线会更美观。

多用于细长或粗细不同、相差较大的部位，如前臂、大腿、小腿等。

- "8"字形包扎法

先在关节中部环形包扎两周固定，然后将绷带绕至关节上方，再经屈侧绕到关节下方，过肢体背侧绕至肢体屈侧后再绕到关节上方，如此反复，呈"8"字连续在关节上下包扎，每一圈遮盖前一圈的 1/2 或 2/3，最后在关节上方环形包扎结带，末端剪开打结或用胶布固定。

多用于固定关节敷料，适用于关节部位（如肩、肘、腕、踝）的包扎和固定锁骨骨折。

- 人字形包扎法

先在掌中环形包扎两周固定，再由内向外做人字形缠绕，每一圈遮盖前一圈的 1/2 或 2/3，根据需要缠完几个"人"字后，最后环形包扎两周结带，末端剪开打结或用胶布固定。

多用于包扎手掌、足等部位。

三、运动损伤的直接原因和预防原则

1. 常见的运动损伤的直接原因

造成常见的运动损伤的原因有很多，大概归纳为以下几点：

①思想上不够重视；

②缺乏合理的准备活动；

③技术动作错误；

④运动负荷过大（尤其是局部负担量过大）；

⑤身体功能和心理状态不良；

⑥组织方法不当；

⑦动作粗野或违反规则；

⑧场地器材不符合要求；

⑨气候条件不良。

2. 运动损伤的预防原则

为了避免运动中的这些伤害，我们要遵守以下运动损伤预防的原则：

①加强思想教育，态度端正；

②合理安排运动负荷，量力而行；

③认真充分地做好准备活动；

④合理安排教学、训练和比赛；

⑤加强易伤部位的练习；

⑥加强医务监督工作，做好自我保护。

四、课后延伸

在日常生活中，因天灾人祸、意外事故、煤气中毒、心脏病发、剧烈运动等意外而引发的人身伤害时有发生，如果我们每个人都能掌握基本的损伤处理的知识，很可能会为生命争取到抢救时间。

在没有急需物品而必须处理的情况下，可用手帕、毛巾、纸巾、床单、衣物、袜子、树皮等代替。在生活中，我们也要处处注意安全，运动前后一定要做好准备活动和放松运动，防患于未然，远离运动损伤，做好身体自护。

走近中国民间节气玩具

授课讲师

　　黄溶华，中小学美术高级教师，从教19年，长沙市首批卓越教师。研究成果《浅议如何结合博物馆资源开展小学美术教学——砂子塘小学博物馆美术大课堂浅析》获第八届全国美术教育教学优秀研究成果一等奖，27篇论文课例获国家、省、市级奖励。先后获全国少年儿童"双有"主题教育活动先进个人、长沙市优秀教研工作者、雨花区优秀教师等荣誉称号。

正文讲稿

一、谈话导入

　　同学们，这节讲堂，老师邀请了一位特别的嘉宾，它就是中国民间玩具兔儿爷。让我们一起来聆听兔儿爷的故事，感受中国民间玩具的魅力吧。

二、初步感知

1. 中国传统民间玩具的起源

事实上，中国民间玩具有着悠久的历史，兔儿爷只是这个大家族中的一员。比如两颗在陕西西安市郊半坡文化遗址中发现的陶珠，据说已有 6 000 多年的历史，它们是一个小孩墓穴中的陪葬品。原始社会时期，就已经出现了专门给孩子们玩的缩小版狩猎工具，孩子们在玩耍的过程中学习狩猎。由此看来，中国民间玩具的产生是源于人们生活的需要。

兔儿爷

2. 了解其发展历史

到了汉代，就出现了专供儿童玩耍的物件。比如西汉时的木马、乐人俑、嬉戏俑等。东汉时期，有了泥制弹丸、泥车瓦狗、骑马人物及演戏人物俑供孩子们赏玩。隋朝时期，玩具用于随葬的现象逐渐增多。比如陕西出土的隋代"李小孩墓"中的陪葬品，就有不少鹅、鸡、犬等小型陶制玩具。这一时期的玩具依然以陶制玩具和木制玩具为主。唐宋时期是中国民间玩具发展的全盛时期，出现了更多不同材料、不同题材的玩具。除陶制玩具之外，面塑、瓷塑、丝帛、扎纸、雕木、彩绘等玩具在民间流行甚广。随着经济文化的迅速发展，明代各种玩具得到了发展，新涌现的专业化玩具生产不断著称于世，技艺水平显著提高，做工也越来越精致，其类型更多地涉及了吉祥寓意的范围，很多民间玩具形成了产地特色和特定艺术风格，如北方的风车、南方的大阿福等。中国民间玩具发展在清代到了高峰阶段，其生产格局、风格样式和制作水平都达到鼎盛。

三、赏析兔儿爷

1. 了解兔儿爷的来历

在兔儿爷的故事里，我们发现它与中秋节有关。从明代起，老北京人就有自家请兔儿爷、给亲朋送兔儿爷的习俗，请兔儿爷就是请平安，送兔儿爷就是送福、送吉祥。兔儿爷在赠送的过程中，成为人们情感交流的桥梁，传递着爱、关怀和祝福。现在，兔儿爷还成了北京中秋的形象大使。小小的兔子为什么会被尊称为"爷"？这就要说起兔儿爷的另一个故事：

话说有一年，北京城里忽然闹起了瘟疫，几乎家家都有病人，吃什么药也不见好。月宫中的嫦娥看到人间烧香求医的情景，心里十分难过，就派月宫里捣药的玉兔到人间去为百姓们消灾治病。这玉兔下到凡间，来到了北京城。她走了一家又一家，治好了很多病人。人们为了感谢玉兔，都要送东西给她。可玉兔什么也不要，只是向别人借衣服穿。这样，玉兔每到一处就换一身装扮，有时候打扮得像个卖油的，有时候又像个算命的……为了能给更多的病人治病，玉兔就骑上马、鹿、狮子、老虎，走遍了北京城内外。玉兔消除了瘟疫后，就回到月宫中去了。可是，她那美好的形象却永远留在了北京人的心中。于是，人们用泥塑造了玉兔的形象，有骑鹿的，有乘凤的，有披挂着铠甲的，千姿百态，非常可爱。每到农历八月十五，月亮最圆的那天，家家都要供奉她，给她摆上好吃的瓜果菜豆，用来酬谢她给人间带来的吉祥和幸福。因此，人们亲切地称她为"兔儿爷"。

图片中的这些兔儿爷都是用泥巴捏制的，有着兔子的外形，人的穿着打扮，表情也很相似，只是它们穿着不同的服饰，坐骑也不相同。

2. 兔儿爷的造型特点

（1）神态色彩

兔儿爷的造型注重衣着的华丽和面目五官的神情，通常二目直视，三瓣嘴紧闭，脸蛋上施着淡淡的胭脂，俊秀中含威武，端庄中有稚气，活泼生动，惹人喜爱。

（2）吉祥寓意

在中国传统文化中，不一样造型的兔儿爷有着不一样的吉祥寓意。

坐黄虎兔儿爷：虎为百兽之王，是统帅者，寓意事业有成，人脉广博。

骑黑虎兔儿爷：黑虎是公正与光明的化身，寓意保佑平安，祛病强身。

骑白象兔儿爷：坐象兔爷，寓意为吉祥如意。

骑葫芦兔儿爷：葫芦通福、禄，寓意能带来好运。

四、赏析中国民间节气玩具

1. 了解文化背景

这一类与传统节气节日相关的民间玩具，就被称为"中国民间节气玩具"。我们中国自古是一个农业大国，各个朝代、各个历史时期都非常重视农业，因而制定了指导农事的历法——二十四节气，这是在春秋战国时期确定形成的。唐宋时期开始，许多民间玩具都成了传统节日的标志，与传统的节气有了密切的联系。

2. 欣赏其他节气玩具

猜猜这些民间节气玩具分别与哪些节气有关？它们分别有着怎样的吉祥寓意呢？

（1）春节

春节是一年一度最为热闹的节日，各种民间玩具在过年前近一个月时间就开始销售，春节庙会是民间玩具最为集中的热卖之地。

大阿福

南方最具有代表性的就是大阿福。大阿福是江苏无锡惠山泥人的代表作品。两个圆乎乎的儿童盘腿而坐，怀抱狮子（或麒麟），非常可爱，含有迎祥纳福的意思。

> 相传在很久以前，惠山一带荒草丛生，古木参天，经常有野兽出没，危害人类，人们谈兽色变。但是不知从何时开始，住来了两个人形巨兽，名叫"沙孩儿"，它们力大无比，山中各种猛兽长虫，只要见到它们微微一笑，就会俯首帖耳地投入它们的怀抱，任其吞食。自从出现了"沙孩儿"，惠山附近的百姓都安全了。后来，人们为了怀念它们，便根据它们的形象捏制了一男一女两个泥人，取名为"大阿福"。从此，这一对大阿福就作为镇山驱兽、避灾辟邪的吉祥物流传于民间了。

北方具有代表性的就是大风车。相传风车起源于周，距今有2 000多年的历史。它是用胶泥瓣儿、高粱秆、彩纸扎成的。小轮旋转寓意风调雨顺，小鼓声寓意和谐，红黄绿的彩条是阳光、大地和蓝天的象征。明清时期京城最为流行，是老北京的象征，百姓称它吉祥轮，后来，人们称之为风车。

> 传说天上有只十头鸟，因为偷吃供品，被贬下凡间。不曾想它却贪恋

尘世，不但不悔改，反而四处搞破坏，弄得黎民百姓苦不堪言。周文王得知以后，就请姜子牙降服这只罪鸟。姜子牙用竹条围了圈，代表三百六十五天，又糊上八卦轮，用 12 根辅条，代表 12 个月，12 根辅条上有 24 个头，就代表 24 个节气，并在上面附有春夏秋冬四道驱魔降妖保平安的符，叫作四季平安。做好以后将八卦风轮插在三丈六尺五的乾坤竿上。从此当地平安太平。后来传到民间，百姓们纷纷仿效。

（2）二月二

河南浚县盛产泥玩具，因为能用嘴吹出不同声音，所以称之为"咕咕"，泥咕咕是浚县民间对泥塑小玩具的俗称。浚县泥咕咕造型古朴拙雅，以黑色为底，再描绘上白土粉、大红、大绿、大蓝、大黄等条纹。

据《资治通鉴》记载，隋末农民起义时，李密领导的瓦岗军曾在古黎阳，也就是现在的浚县与隋军大战，不少将士和战马阵亡。为了纪念这些牺牲的将

泥咕咕

士和战马，军中一些心灵手巧的人就用当地的黄胶泥捏成泥人、泥马表示怀念之情。这一技艺就这样随着历史的发展延续了下来，流传至今。

（3）立春

立春前后，街市上有小泥牛出售，邻里间相互赠送，被视为五谷丰登、六畜兴旺的吉祥物。春牛，寓意着劝农春耕。南宋临安（杭州）有"鞭春"仪式，立春当日，由临安知府带头，手执彩扎牛鞭，在"牛"（泥牛）身上抽打三次，作为春耕开始的象征，称为"打春"，寓意阴气消退，阳气上升，万象更新。

（4）清明

风筝源于春秋时代，距今已有 2 000 余年。相传墨翟以木头制成木鸟，研制三年而成，是人类最早的风筝起源，后来他的弟子鲁班用竹子改进墨翟的风筝材质，进而演变成现在的多线风筝。南北朝时期，风筝开始成为传递信息的工具。隋唐时

期，随着造纸业的发展，民间用纸来裱糊风筝。宋代，放风筝成为人们喜爱的户外活动。有些民俗学家认为，古人发明风筝主要是为了怀念故去的亲友。因此，在清明节，古人将慰问故人的情意寄托在风筝上，传送给过世的亲友。还有一种说法就是，放飞风筝能把一些疾病和不吉利的事情带走。中国传统风筝蕴含着中国传统文化，无一不表现着人们对美好生活的向往和憧憬。

（5）端午

五月天气转热，各种有毒的动物都蠢蠢欲动，我国自古有端午避五毒之说。每逢端午节到来前，长辈用棉布、丝绸等材料制成香包，在里面填上带香味的药材，寓意避开毒虫，不受其害，等过了端午节就把戴过的香包扔掉，寓意祛病弃灾。因此，大家如果在路上看到别人扔的香包，可千万不能捡啊。

（6）七夕

七月七日称作七夕，又叫乞巧节。传说是牛郎、织女相会之夜。人们把七夕当作值得庆祝的良宵，妇女把这一天作为自己的节日。她们在这天晚上向织女乞巧，乞求神灵给她们灵巧和智慧、美貌和幸福。人们还在这个节日乞求上天给他们子女，乞求繁衍。摩诃罗是梵文音译，传入中国后经过一番汉化，由蛇首人身的形象演化为可爱的儿童形象，成为七夕节供奉牛郎、织女的一种土泥偶人。据《东京梦华录》记载，两宋时期，每年的七夕节，无论是达官显贵，还是平民百姓，都用摩诃罗来供奉牛郎、织女，借此来实现乞巧和多子多福的愿望。

五、学习拓展

除节气玩具之外，中国民间玩具还与人生礼仪、日常生活、游戏娱乐息息相关。这些传统的民间玩具，不仅记载着中华民族的悠久历史，也闪烁着民间艺术家们的无穷智慧。民间艺术家们在日常生活中通过细心观察、发现，用最简单的材料，表达着自己对于美、对于美好生活的追求和向往。希望大家都能加入寻找、关注、发扬中国民间玩具的队伍中来，让越来越多的人认识中国的民间玩具，了解我们中国优秀的民族文化。

屋脊上的神兽

授课讲师

　　沈霄，中小学二级教师，执教 3 年。校优秀指导教师。所带学生获省、市级奖项共计 9 项。

正文讲稿

一、谈话导入

　　师：我们五年级上学期学过《家乡古建筑》，今天沈老师给大家带来的大讲堂是《屋脊上的神兽》。

　　师：说到神兽，大家在脑海中想到的第一个词是什么？

　　生：麒麟、龙、凤、消灾、辟邪等。

　　师：大家真是知识渊博，了解得非常多，今天我们一起来认识一下屋脊上的神兽。

二、了解屋顶上的神兽

　　师：说到屋脊上的神兽，你认为它们会出现在什么建筑上？

　　生：寺庙、中国古建筑、达官贵族家。

　　师：同学们说得都对，看来这些不起眼的小神兽还是有等级划分的，它们都是有身份地位的。在古建筑中，这些神兽只有官家的建筑上才有。它们一般会出现在屋顶的哪里呢？老师请一位同学来讲台上面指一指。

老舍先生在《四世同堂》里写道："这些矛盾在他心中乱碰，使他一天到晚的五脊六兽的不大好过。"老北京也有一句这样的话："闲得五脊六兽。"

师：什么是五脊呢？

一条正脊，四条垂脊。

师：什么是六兽呢？

关于六兽的说法有很多种，最常见的一种说法是普通的古建筑上是三个，两边前檐加起来就是六个，因此就叫作"五脊六兽"。

这些小神兽的名字叫脊兽，表达了古代人民祛除灾害、祈福、防火防灾的愿望。脊兽除寄托人们的美好愿望外，还有实际功能。

三、认识不同种类的神兽

师：我们一起来认识不同种类的神兽吧！

①吻兽：又叫螭吻，仔细看，吻兽好像是鱼和龙的结合体，你们知道龙有几个儿子吗？（生：龙生九子。）

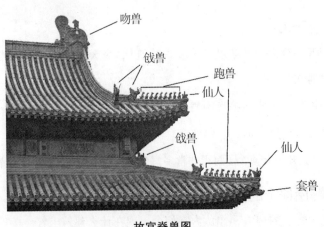

故宫脊兽图

②戗兽：戗兽主要用于保护固定在屋脊砖瓦的铁钉，它起到遮风挡雨的保护作用，一样也有严格的等级限制。

③蹲（跑）兽：蹲兽的数量为单数，普通建筑一般是三个，太和殿为十个（增加了一个行什，天下独一）。蹲兽数目越多，表示等级最高。

④仙人：仙人在檐角端头指路。

⑤套兽：套兽的作用是防止屋檐角遭到雨水侵蚀。中国古建筑的建筑材料大部分是木头，容易起火，也容易被雨水侵蚀。

师：屋脊上的神兽都是谁呢？神兽们排列规整、做工精细，它们在屋顶上仅仅只是为了装饰吗？今天就跟着老师一起走进故宫，我们来到故宫，走进故宫的太和殿，来看一看太和殿屋顶上神兽的排列顺序。

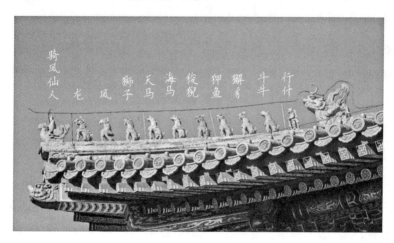

故宫太和殿脊兽图

四、了解脊兽的排序

1."骑凤仙人"

请同学们仔细端详，这位"仙人"骑的是什么动物？看起来像凤又像鸡，民间也叫作"仙人骑鸡"。那么这个"仙人"究竟是什么身份？"骑凤仙人"为什么在檐角的最前端？还要骑着凤凰呢？

传说齐国的国君在一次作战中失败，被敌人追到一条大河边，眼看就要走投无路了。突然，一只大鸟飞到眼前，国君急忙骑上大鸟，化险为夷。因此，人们把他放在建筑脊端，寓意着逢凶化吉。

2. 龙

我们知道，华夏子孙都是龙的传人，龙在中国人心中的地位非常神圣，古代只有皇家才能用它，寓意至高无上，象征着皇权。龙在屋脊上出现的形态，以二龙戏珠、龙首像最为常见。

3. 凤

众所周知，凤是百鸟之王，说到凤凰，经常能想到皇后，母仪天下。龙、凤的寓意是权势、高贵、尊荣、吉祥。凤的形体也是由许多动物组成的。凤的形体由鸡、蛇、燕、龟、鱼五种动物组成，身上的羽毛五彩斑斓。

4. 狮子

从古至今，人们认为狮子和老虎是兽中之王，是威武勇猛的象征。狮子的形象还经常出现在大门口，如石狮子。狮子在佛教中为护法王，有辟邪护法的寓意。佛教起源印度，印度的国徽里有四只金色的狮子。

5. 天马

天马意为神马。天马就是汗血宝马，成语汗马功劳指的就是汗血宝马。

6. 海马

我们将天马和海马对比，请同学们仔细看，它们的区别在哪里？它们的不同之处就是翅膀，海马没有翅膀，能入海；天马有翅膀，能飞天。天马和海马寓意皇家的权力至高无上，无所不能。

7. 狻猊

狻猊又有什么本领呢？在古代，中国是没有狮子的，狮子是被当作贡品进入中国的。刚才老师介绍了龙有九个儿子。传说狻猊也是龙的九子之一，排行第五，狻猊喜好烟火，喜静不喜动，佛祖见它有耐心，便收在坐下当了坐骑。我们在寺庙的佛座及香炉上经常能见其造型。

8. 狎鱼

狎鱼是海中异兽，可以呼风唤雨，人们将它放置在屋顶，希望它能灭火防火。

9. 獬豸

獬豸善辨是非、力大无比、公正无私，有压邪之意。古时有獬豸冠，可能是因它的形状类似獬角而得名，指御史等执法官吏戴的帽子。法官用的法槌名字叫獬豸槌。现代经常能在法院门口看到獬豸的身影。

10. 斗牛

斗牛与狎鱼作用相同，都是"消防员"。传说它是镇水兽，古时曾经在发生水患的地方，多用牛镇。牛在人们心中是祥瑞的动物，古时人们认为牛脚印像八卦的形状，所以牛寓意镇邪、护宅。

11. 行什

行什的面部像猴子，身上还有翅膀，手握金刚宝杵。传说行什是雷震子，寓意着防雷。太和殿是举行祭祀和国家重大仪式的地方，行什只出现在太和殿上，全国独一无二，是区别于其他宫殿的象征，也表明太和殿等级最高。

屋脊上的神兽有这么多，老师这里有一首脊兽排序诗，我们一起来读一读：一龙二凤三狮子，天马海马六狻猊，狎鱼獬豸九斗牛，最后行什像个猴。（提示：脊兽们的排序不包括仙人骑凤。）

五、拓展民间脊兽

除了故宫和寺庙的脊兽，我们来看看少数民族的脊兽。瓦猫，是一只张大嘴巴的猫，常见于白族民居，位于屋脊的正中间。传说瓦制的猫能吃掉一切牛鬼蛇神，有镇宅、辟邪的作用。在今后的旅途中，如果我们再次遇到这些小神兽们，不要忽视，也不要疑惑，它们将是我们旅途中一道亮丽的风景线。

趣谈千里江山图

 **授课讲师**

　　罗丽，中小学一级教师，从教 13 年。湖南省中小学教师资格考试面试考官，湖南师范大学美术学院校外指导老师。任湘美版教材编委、湘美版教参编委、湘美实验教材配套练习主要编委。长沙市优秀教研工作者，长沙市卓越教师，雨花区美术学科教研会理事长。

正文讲稿

一、背景介绍，营造氛围

师：孩子们，你们了解中国画吗？知道哪些关于中国画的知识呢？

　　在 5 000 多年文明发展中孕育的中华优秀传统文化，积淀着中华民族最深沉的精神追求，代表着中华民族独特的精神标识，是中华民族生生不息、发展壮大的丰厚滋养，是中国特色社会主义根植的文化沃土，是当代中国发展的突出优势，对延续和发展中华文明、促进人类文明进步，发挥着重要作用。

　　中国绘画是中国文化的重要组成部分，根植于民族文化土壤之中。它不单纯拘泥于外表形似，更强调神似。它以毛笔、水墨、宣纸为特殊材料，建构了独特的透视理论，大胆而自由地打破时空限制，具有高度的概括力与想象力。这种出色的技巧与手段，不仅使中国传统绘画独具艺术魄力，而且日益为世界现代艺术所借鉴、吸收。

二、欣赏画作，感受魅力

1. 激趣导入

师：如果有一天，你发现自己穿越到了北宋末期，并进入了翰林图画院。某日，宋徽宗要求你用一幅画卷来唱诵锦绣河山，你才华横溢地画出了什么？并成了千古绝唱。

A.《千里江山图》

B.《溪山行旅图》

C.《万壑松风图》

D.《清明上河图》

生：A。

师：是的，答案就是我们今天要来聊聊的《千里江山图》。

2. 故事引入

师：老师为大家准备了一段视频，视频中描述了一段关于《千里江山图》的故事，我们一起来看看吧！

师：故事的主人公分别是宋徽宗赵佶和画家王希孟，我们来认识一下这两位。

（1）赵佶——艺术型皇帝

根据蔡京的题跋，《千里江山图》为王希孟进献给当时的皇帝宋徽宗，然后又被赐予蔡京。宋徽宗在艺术上的造诣非常高。宋徽宗对绘画的爱好十分真挚，他利用皇权推动绘画，使宋代的绘画艺术有了空前发展。他还自创了一种书法字体，被后人称之为"瘦金体"；他热爱画花鸟，画自成"院体"。虽然在政治上一塌糊涂，但是掩盖不住他作为艺术家的精彩与光芒，是古代少有的颇有成就的艺术型皇帝。

（2）王希孟——神秘的天才少年

王希孟，北宋晚期中国画家。据《千里江山图》卷后蔡京题跋，知其18岁时为徽宗画院生徒，山水画创作曾得徽宗亲自指导。在政和三年之前，王希孟创作了这卷《千里江山图》，此后便无音讯，清人曾推测他完成此画后不久即去世。《千里江山图》是这位天才画家的唯一一幅传世作品，画山峰起伏、江河浩渺之景，画渔村野市间于其中，并描绘了众多的人物活动；用传统青绿法，用笔极为精细，在蓝绿色调中寻求变化，为千古青绿之杰作。据史料记载，王希孟经赵佶亲授笔墨技法，艺精进，画遂超越矩度；工山水，作品罕见。徽宗政和三年四月，王希孟用了半年时间终于绘成名垂千古之鸿篇杰作《千里江山图》卷，时年仅十八岁，此外再没有关于他的记述。

3. 赏析画作

赏析《千里江山图》局部画作。

《千里江山图》（局部）

师：《千里江山图》现藏于北京故宫博物院，全卷横1 191.5厘米，纵51.5厘米，该画用一幅整绢画成，无作者款印，有清弘历（乾隆）题诗，后隔水有宋朝蔡京的跋一，尾纸有元朝李溥光的题一。打开卷轴包首，引首即可见朱红印章数枚，以及卷首题诗。开首高山之巅直入云霄，其后丘陵连绵，崇山峻岭，移步换景，渐入佳境。大自然的鬼斧神工在画家笔下应运而生，从前景山峦村居起势，隔岸画群峰秀起，两翼伸展渐缓，与起势的山峦遥遥相对，起到精美的承接作用。峰峦左下方有一横跨江面的大桥，并与下一组景物相衔接。翻过两重山可见幽深的宅邸，处处可见着白衣的隐士，且走且停，似在赋诗，似在作曲。继续前行，又是一座桥，此桥虽跨度不大，却在桥上修建凉亭。继续向前便临江了。远景烟波浩渺，层峦起伏，犹如仙境。登岸后，悬崖山路九曲盘旋通向深处的庭院。山间瀑布，挂挂溅泻，复流大江。从高远至深远之景，引人入胜。山峦平缓处是一座宏伟的跨江大桥。

师：《千里江山图》由北宋流传至今，历经千年实属不易，自然免不了岁月的侵蚀。由于画中使用了很多矿物颜料，颜色很厚，时间长了以后，只要打开画卷，颜料就会掉落，从画中我们也可见有多处剥落的痕迹。故宫专家们曾就如何修裱《千里江山图》进行讨论，想解决颜色脱落的问题，但从目前来看，重新修裱还没有把握。也正因如此，大多数人对此画即使早有耳闻，却也是缘悭一面。近百年来，《千里江山图》公开展示的次数一只手就数得完。

师：真迹我们难得一见，但老师带来了仿品，我们一起来看看吧。

生：哇，真是山势连绵！千里江山啊！

三、了解青绿，触摸文化

师：《千里江山图》是中国画青绿山水的代表作，通过刚才老师的介绍以及对仿品的观察，你能猜猜青绿山水的含义吗？

生：画面中的颜色以青色和绿色为主。

师：传统的中国画颜料，一般分成矿物颜料与植物颜料两大类。石青和石绿属于矿物颜料，通过将矿石研磨成细粉末，再通过漂洗等工序制作而成。中国的历代绘画能完整地保存到今天，不能不说其颜料的魅力。在传统绘画中大量使用天然颜料，是保持色彩千年不变的关键。

师：青绿山水作为一种中国画的技法，以矿物颜料石青和石绿为主，宜表现色泽艳丽的丘壑林泉。青绿山水又有大青绿、小青绿之分。前者以工致的笔法为特征。从六朝开始，逐步发展至唐代二李才确立了青绿山水的基本创作特色，两宋之交前后形成金碧山水、大青绿山水、小青绿山水三个门类，在元、明、清三朝各自发展并相互影响，而以小青绿山水为盛。金碧山水重在金碧辉煌，大青绿山水长于灿烂明艳，小青绿山水妙在温蕴俊秀。我们来看看矿物颜料石青和石绿。

四、拓展知识，提升认识

师：中国山水画，源远流长，表现了丰富多彩的自然风光，体现了中国人的审美意识。除今天了解的青绿山水之外，你还知道哪些中国山水画的表现形式呢？

1. 水墨山水画

水墨画是中国画的一个分支，主要是由文人画发展起来的，全部用墨色来画，以用笔、用墨的技法为技巧，墨分五色——浓、淡、焦、干、湿。

2. 金碧山水画

中国山水画的一种。以泥金、石青和石绿三种颜料作为主色，比青绿山水多泥金一色。泥金一般用于勾染山廓、石纹、坡脚、沙嘴、彩霞，以及宫室楼阁等建筑物。

3. 浅绛山水画

浅绛山水画的表现方法，特点是素雅青淡、明快透彻。在水墨勾勒皴染基础上，敷设以赭石为主色的淡彩山水画。

师：中国画是我国文化宝库中一颗璀璨的明珠。老师希望通过今天的学习，大家能更加热爱我们的民族艺术，视民族艺术形式为母语，了解和熟悉本民族的艺术语言，建立民族文化自信。

听，它们在唱歌

授课讲师

　　罗笑，从教9年。3次被长沙市教育局评为"优秀指导教师"，连续两年荣获雨花区"星级教师"称号，先后4次被学校评为"主讲教师"，并于2020年9月获雨花区"优秀教师"荣誉称号。

正文讲稿

一、声音如何产生

　　师：同学们好，今天老师带来了几位你们常见的朋友，它们厌倦了平日里周而复始的枯燥生活，如果能有美妙的歌声伴随会是多么令人激动的事啊！

　　请问，哪位同学可以用自己的方法，让这些物品（挖耳勺、高脚杯、吸管）发出声音呢？

　　生1：我可以用手指敲打高脚杯。

　　生2：挖耳勺刮刮桌子或敲桌子都会发出声音。

　　生3：我可以用嘴吹吸管，有风声。

　　师：同学们用不同的方法让这些物体发出了声音，这些声音一样吗？

生：不一样。

师：是的，虽然不同的物体会发出不同的声音，但这些声音都是由物体的震动产生的。

二、感受声音变化的规律

师：在生活当中有一群热爱音乐的发明家，他们利用声音的发声规律，将一些寻常的生活物品制作成了有趣而奇特的乐器。请同学们带着智慧认真欣赏老师带来的这段器乐演奏，并认真观察这个乐器有什么特点。它为什么能发出高低不同的声音呢？

（学生观看，用弹珠敲打各种不同大小的圆形木板和长短不同的钢板。）

师：演奏者不仅运用科学原理使乐器发出很多种声音，还使这些声音区分出高低，从而形成一曲美妙的旋律。你发现了其中的奥秘吗？

生1：我发现被弹珠敲打的钢板有长有短，长的钢板发出的声音较低。

生2：这个乐器不但有钢板，还有圆形的木板，小木板的声音比大木板的声音要高一些。

师：同学们观察得很仔细，像大家说的一样，钢板的长度和木块的大小都能影响声音的高低。这是什么原因呢？因为物体面积越小，可以震动的部分就越少，震动频率（速度）就越快，那么音调就越高。

我们可以这样去理解和记忆，例如像牛的脖子粗而壮，它的声音叫起来低沉且浑厚；小鸟的脖子相对于牛来说，又细又短，它的叫声既清脆又明亮。

1. 巩固、熟悉科学原理

师：根据刚刚我们学习的科学原理，老师想请你们来尝试一下。在两个高脚杯中分别加入不同分量的清水，通过水杯玻璃壁露出部分的多少来判断是1号水杯发出高音，还是2号水杯发出高音。

（学生上台操作实验。）

师：刚刚这位同学给1号杯加入了较少的水，2号杯加入了较多的水。现在，敲击水杯，我们来听听1号水杯的声音与2号水杯的声音有什么不同？这位同学操作正确吗？

生：我认为他是正确的，加入水较少的 1 号杯声音听起来比较高。

师：谢谢这两位同学的参与！1 号杯的水较少，震动频率较快，所以发出的声音较高；2 号杯的水较多，震动频率较慢，所以发出的声音较低。

2. 认识"拇键琴"，感受声音的变化规律

师：根据同样的原理，老师手中拿的这个琴叫"拇键琴"，它的每个键长得很像我们常用的挖耳勺。这种传统的非洲乐器，种类多达 100 种。因此，它的名称也有很多，例如：mbira（姆比拉），kalimba（卡林巴），sanza。非洲人民把很多废弃的铁条制作成"挖耳勺"的样子，将铁条并排绑在一块竹板上，经过多年的流传得以逐步改良。从 6 个音发展到 17 个音，甚至有津巴布韦的绍纳人制作出 21~25 个音；从竹板琴体改造成椰壳琴体、贝壳琴体、楠木箱琴体等等。

改良后的琴，不仅音域变宽了，声音的质感也得到很大程度的改变。因此，我们会发现，不同的声源发出同一音调时，琴体的材质和形状对声音的品质有很大的影响。这是由于它们的声波频率虽然相同，但产生的"波形"不同，从而音色就变得不一样了。

老师这里有两种不同材质的拇键琴，请一位同学上台来感受一下它们的区别，并描述出琴的音色。

生：我觉得木头的琴声音很明亮，椰子壳的琴会有更多共鸣。

师：你能根据之前学的声音规律，找出琴键上的最高音和最低音吗？

生：最长的琴键是最低音，最短的琴键是最高音。

3. 揭示空气柱的发声原理

师：我们刚刚通过学习已经能很好地掌握声音高低的规律，接下来请一位同学用两根吸管来实践一下，通过修剪吸管的长短做出高音管和低音管。

生：我认为剪得较短的吸管是高音。

师：通过学习之前的理论，我们可以知道，吸管里的空气会形成空气柱，空气柱越短，震动频率越快，音调越高。

三、实践体验

找到科学的发声规律后，要让我们这些朋友唱歌是不是简单多了？老师利用这些原理，制作了一个"吸管排箫"，请大家欣赏我的成果吧。（老师用吸管演奏《小星星》。）

同学们是不是也迫不及待地想用吸管制作一个呢？先跟着老师一起了解一下制作的方法。

1. 制作图纸讲解

根据长度不同的吸管发出不同的音，我们今天要制作音阶当中的五个音——"C，D，E，F，G（dol，re，mi，fa，sol）"。老师准备了五张由长到短的尺寸图纸。

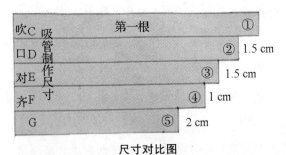

尺寸对比图

只有第一根吸管（dol）的尺寸没有固定要求；第二根吸管（re）比第一根短1.5 cm；第三根吸管（mi）比第二根再短1.5 cm；第四根吸管（fa）比第三根短1 cm；第五根吸管（sol）比第四根短2 cm。

材料准备：剪刀、黏土、吸管、尺寸对比图纸。

2. 实验步骤

①将五根吸管参照尺寸图纸依次裁剪整齐；

②再将剪好的吸管用黏土完全密封住吸管的一端，确保吸管可以吹出声音，并通过修剪吸管的长短来调整音高；

③将吹口的一端并列对齐，并用透明胶带将五根吸管有序地粘贴在一起。

四、创新时刻

师：通过制作，同学们对声音的规律已经有了一定的掌握。聪明的你，能不能利用今天所学习的知识，将生活中常见的物品创造成为与众不同的乐器呢？

生 1：我想用比如长短不同、粗细不同的橡皮筋制作乐器。

生 2：石头也有很多种类，它们的音质应该也会不同。

生 3：我觉得可以用大小不同的碗来制作乐器。

师：同学们的想法都很有创意，我们不仅仅可以根据长短、大小改变物体的音高。通过之前我们所说的，"拇键琴"的发展史也证实了，琴体材料质地和形状，都会影响乐器的音色。如果我们要把今天的"吸管排箫"做出更好的音色，可以怎么做呢？对了，可以改变它的制作材料，或者吸管的形状，更多好的方法期待大家在课后去实践、体验。

最后，老师请大家一同来欣赏一段音乐，这里面的乐器创造于 1761 年的意大利，音乐家用玻璃的器皿创作出来的"玻璃琴"被小提琴家帕格尼尼称赞为"天堂的声音"。希望今天的课堂可以带给大家更多的灵感，在将来的生活当中，你们也可以发明出有趣、美妙的乐器。

科学案例 2

平衡鸟

授课讲师

金强，从教4年。获长沙市雨花区科学老师教学技能大赛一等奖、二等奖、市级三等奖。论文《〈光是怎样传播的〉教学与反思》获国家一等奖。"一师一优课"的课程获长沙市一等奖。

正文讲稿

一、引入"平衡"的介绍

师：欢迎大家来到科学大讲堂！我们一起来探寻生活中的科学原理吧！首先，在上课前，老师给同学们带来一个好朋友，我们一起来观看视频中的他在做什么，并提炼出视频中的信息。

师：视频中的交通工具是什么？视频中的男生最后为什么会摔倒？

生：交通工具是平衡车。因为雪地很滑，并且他在转圈，手没展开，没有控制平衡，重心不稳，等等。

师：的确，视频中的男生因为没有控制好平衡，摔倒了，所以要学会控制平衡才能安全地使用平衡车。那你们知道怎样控制平衡吗？平衡的原理是什么呢？让我

们一起来学习与平衡有关的——平衡鸟。

二、探究平衡鸟

1. 初识平衡鸟

师：看一看、摸一摸、掂一掂平衡鸟，让平衡鸟平稳地立起来。

（学生观察。）

师：是的。平衡鸟能立在金字塔上，也能立在手、铅笔、书角或者桌角等其他物体上，并且保持平衡。

师：你觉得平衡鸟平衡的秘密是什么？

生1：平衡鸟的翅膀大且对称。

生2：嘴巴尖，前重尾轻。

生3：摇动平衡鸟的翅膀，里面能发出声音，重量集中在翅膀上，有支撑点等。

2. 制作平衡鸟

师：通过观察，我们发现了平衡鸟的构造特点。接下来，请同学们动手制作平衡鸟，继续探究平衡鸟平衡的奥秘。老师给同学们准备了一张硬卡纸，结合上一步的观察结果，同学们能通过讨论制定出平衡鸟制作的步骤吗？

（学生讨论、汇报。）

（1）平衡鸟制作步骤

第一，将卡纸对折一次，并在一侧画出小鸟一半的轮廓；

第二，用剪刀沿轮廓线裁剪下小鸟；

第三，将小鸟展开，翅膀向两边折一折；

第四，用手捏出小鸟向下勾的嘴巴。

（2）调试平衡状态

师：测试平衡鸟能否平稳地立在金字塔或者手指上。

（学生测试平衡鸟的平衡状态。）

师：通过测试我们发现，大部分小组的平衡鸟不能立住，只有个别小组的平衡鸟能立稳在金字塔或手指上。请成功的小组将平衡鸟拿上讲台进行展示，并请同学们观察对比，他们的平衡鸟和老师手上的平衡鸟的平衡状态，有没有差别？

生：老师手上的平衡鸟更接近水平状态，而同学们制作的平衡鸟的尾部向下倾，翅膀向上翘。

师：那同学们觉得原因是什么呢？和前面观察的平衡鸟相比，你们制作的平衡鸟还漏了什么？

生1：重量没有集中在翅尖上。

生2：没有满足前重尾轻。

师：那应该怎样做？

生：给平衡鸟的翅膀增加重量。

（3）调试平衡

（老师将回形针夹在小鸟的翅膀上。）

师：当回形针夹在小鸟翅膀上时，需要注意什么问题？

生：为了满足对称性，左、右翅膀的回形针数量和位置必须一致。

最后将小鸟嘴巴放在金字塔或手指上。

（把小组制作完成的平衡鸟立在植物盆栽上，提醒学生注意摆放的美观度。）

三、平衡鸟的秘密

师：平衡鸟翅膀添加回形针后的平衡状态和没有添加前的平衡状态相比，有什么区别？

生：所有小组的平衡鸟都能立在金字塔或手指上了，并且给平衡鸟的翅膀添加回形针后，其尾部往上翘了，翅膀向下倾了，整个平衡鸟更接近于水平状态了。

师：同学们知道平衡鸟平衡的秘密吗？

生：就像生活中坐跷跷板一样，当一端重一端轻时，给轻的一端增加重量，跷跷板就会慢慢变成平衡状态，是因为它的重心和支撑点在一条直线上了。

师：的确，就像坐跷跷板一样，平衡鸟在未添加回形针前，尾部向下倾，翅膀向上翘；添加回形针后，平衡鸟的尾部往上翘，翅膀向下倾了，整个平衡鸟更接近于水平状态了，且能平稳地立在金字塔或手指上。虽然看起来鸟全身在空中，但全身的重心还是在金字塔或手指上。

师：刚刚我们将卡纸剪成了小鸟的形状，那剪成其他的形状可不可以实现平衡呢？

生：可以的。

师：比如青蛙、蝴蝶、面具、皮卡丘等等。

师：为什么青蛙、蝴蝶、皮卡丘等动物的形状也都能稳稳地立在金字塔或盆栽上？原理是什么？

生：形状不一样，但是通过添加回形针保证它们重心和支撑点在一条直线上，这些玩具就能稳稳地立在金字塔或盆栽上。

师：如果取下已经平稳立在盆栽上的青蛙的一枚回形针，它的平衡状态会不会发生改变？

生：会。因为它的重心会发生改变，导致重心和支撑点可能不在一条直线上了。

（老师演示。）

四、平衡的总结

师：刚刚我们通过添加回形针来改变平衡鸟的状态，生活中有哪些方面运用了平衡原理呢？

生：生活中很多地方都运用了平衡原理，比如走钢丝、平衡车、摩托车、自行车、轮滑、滑板、平衡木等。

师：是的，平衡原理的运用非常广泛。今后希望同学们对生活充满好奇，处处细致观察，积极思考各种现象背后的原理，养成科学家的思维模式。

科学案例 3

创新发明我能行

 授课讲师

　　张汝其，从教5年。所教班级8次参加国家级、区级展示课堂。5节常规课获得校"魅力课堂"称号。参与的课题《小老师话语系统在四年级习题教学中的实践研究》获区级一等奖。

🎤 正文讲稿

一、导入

　　同学们，你见过马车吗？从前的交通工具很慢，巴掌大的地方不停地打转，再看看如今的飞机、高铁，偌大的世界任尔翱翔。你见过煤油灯吗？从前的夜晚很黑，黑灯瞎火，无法看书、出行；再看看如今的灯火璀璨，是谁带来了黑夜中的光明？从前的世界很小很小，如今的世界很大很大，我们可以通过电脑、电视、手机等尽知天下大事小事。购物无须逛商场，网购方便也快捷。出门不用带现金，微信、支付宝扫一扫。是什么推动了人类社会的进步，是什么让我们的生活如此丰富多彩？是发明，是创造，是创新，改变着这个世界，改变着我们。"发明"，似乎与我们的生活相去甚远；"创造"，也好像永远是伟人的功绩。其实，事情并非想

象中的那般曲折和遥远，创新发明我们也行！

二、创新发明的作者

那什么是创新发明呢？创新发明是指人们在日常学习、生活、劳动中，运用自己学过的科学知识，设计、制造出目前还没有的更称心、更方便的新物品，发现或应用新方法。

1. 介绍发明家——托马斯·阿尔瓦·爱迪生

同学们，你们知道白炽灯是谁发明的吗？

爱迪生

1879 年 10 月 21 日，这是无比庄严和紧张的一天，在这一天，爱迪生接上了灯泡的导线，人们期待已久的电灯开始照亮人们的生活。电灯持续发亮了 45 个小时，远远超过了当时通用的煤油灯、天然气灯所能持续的时间。但是爱迪生并没有自满，为了找到更加耐用的灯芯，在接下来的 12 年，爱迪生经历了数千次的试验，尝试了碳化竹丝灯芯和钨丝灯芯，终于将灯泡的使用寿命延长到 600 个小时甚至更长。我们现在所用的电灯泡所采用的，也是爱迪生所发明的钨丝灯芯。

2. 介绍发明家——亚历山大·格拉汉姆·贝尔

看看你们的手上，我们的智能手表可以打电话、发短信，那你知道最初的电话是谁发明的吗？

贝尔

贝尔在做电报实验时，偶然发现了一块铁片在磁铁前振动会发出微弱声音的现象，而且他还发现这种声音能通过导线传向远方。这给了他很大的启发。他想，如果对着铁片讲话，不也可以引起铁片的振动吗？为了能够更好地完成这个实验，贝尔学习了许多关于电学的知识。终于，在1876年，世界上诞生了第一台电话。

3. 介绍中国古代四大发明

中国古代四大发明，指造纸术、指南针、火药和印刷术，是中国古代对世界具有很大影响的四种发明。造纸术的发明为人们提供了经济便捷的书写材料，使得许多文化得以保留；指南针的发明让人们能更好地辨别方向，也为欧洲航海家的航海活动提供了条件，哥伦布便是用指南针发现了今天的美国；火药的发明改变了作战的方式，更是帮助欧洲资产阶级摧毁了封

中国古代四大发明

建的堡垒，加快了其历史进程；印刷术更是促进了文化的传播。中国古代四大发明对世界的发展产生了巨大的影响。

你能不能谈一谈你认识的发明家呢？

创新发明对我们的生活有如此大的影响，同学们是不是跃跃欲试了呢？不要着急，在动手之前，我们要先来了解创新发明究竟有什么特征？

三、创新发明的特征

（四人小组相互沟通交流，再由学生汇报，老师总结特征。）

1. 创新发明要有实用性

发明要有实用性，不仅仅只存在于概念之中，而要能制造出来解决生活中的某些问题。

2. 创新发明要有创造性

发明相对于同类型的产品，要有属于自己独有的特征和进步。

3. 创新发明要有新颖性

发明的创作是从未有人提出过或者申请过专利的，小发明可以是新的功能、新的方法、新的用途、新的组合等。

那做好创新发明，有没有什么方法呢？

四、创新发明的方法

（老师向学生介绍创新发明的方法。）

1. 添加组合法

我们在做创新发明的时候，可以想一想，这样东西有什么缺点？在这样东西上添加什么或者把它和其他的物体组合起来，是否能消除这些缺点，或使得这样东西有新的用途呢？其实，在我们的生活中，有许多这样的小发明呢！"橡皮＋铅笔"成了橡皮头铅笔，"镜子＋梳子"成了折叠梳，还有你们经常用的多功能卷笔刀，里面包含了小镜子、橡皮、小毛刷、卷笔刀、放木屑的小盒子。

雨伞

但是在添加组合的时候，我们需要深入地探索和创新，新的物品相对于原来的物品，是不是有实质性的改进和明显的优点。你们也来试一试吧！看这把雨伞！你能不能添一添、组一组，发明一把新式伞。

伞＋芯片＝防丢失新式雨伞——雨伞不会再弄丢

伞＋背包＝肩背式新式雨伞——解放双手，雨天也能骑自行车

伞＋新式涂层＝防滴水新式雨伞——地面不会被滴湿

伞＋保护罩＝全身防雨新式雨伞——全身保护不淋湿

2. 删减法

刚刚我们讲到添加组合法，那有没有删减法呢？能不能在某样东西上减去或减轻什么，使得这样东西又具有了其他的用途或者功能？在我们的生活中，也有许多这样的发明哦。爱迪生将电灯泡中的空气抽出，大大地增加了电灯泡的使用寿命；框架眼镜减去框架，浓缩成了隐形眼镜。我们也来试一试吧！看这辆普通的自行车！你可不可以通过减一减，发明一辆新式自行车。

自行车-支撑架=新式不倒自行车

自行车-脚踏=新式自动自行车

自行车-轮胎=新式悬浮自行车

自行车

创新无限，你们的许多创新发明现在市面上是没有的，等你来创造哦！全国已经有许多的同学申请了专利哦！

五、介绍全国中小学生发明创造

重庆市某小学曾同学发明了一种节能燃气灶，他利用杠杆原理，通过在灶心下连接杠杆来带动灶心的升降，达到让火焰的外焰始终保持与锅底接触的目的。此项发明获得全国青少年科技创新大赛的银奖，并向国家知识专利产权局申请了专利。

英国六岁儿童发明会说话的帆布书包，用于提醒自己是否完成了家庭作业，是否忘记带书。日前，这个书包在曼彻斯特科学和工业博物馆展出。

湖北汉阳区车站小学六年级学生胡渐佳发明了一种"自来水式"毛笔，这种新型毛笔的笔杆上方连接着一根墨管，在笔杆中部装有一个阀门可以控制墨水的流量，解决了墨水不易携带并容易弄脏衣服等问题。他发明的墨、笔合二为一的新型毛笔获得了国家专利。

当然，你想象的东西是否能够发明出来，这还需要你拥有许多的知识，所以我们要先学好知识，然后才能更好地做科技创新，这样才能知道哪些科技创新可以实现，哪些不可能实现。

六、课堂小结

根据今天所学的科技创新技法，你有什么好的点子？你可以到附近的商店、百货商场中去观察、去了解，在日常生活中的用品和玩具中，找一找你认为在使用、功能、设计方面有缺点的商品，用组合添加法或者删减法，做出属于你的设计！

神奇的 3D 打印

邓宝生，一级教师，执教信息技术课程 12 年。被评为长沙市小学信息技术优秀教材的开发工作者、区 IT 先进工作者、区优秀信息技术教师、校优秀教师、优秀指导教师等。获长沙市小学生信息学奥林匹克竞赛园丁奖，获"湘音杯"长沙市小学信息技术课堂教学竞赛一等奖。2014 年执教的信息技术课程作为示范课在全区推广，同年制作的信息技术微课获得区特等奖。信息技术论文获国家级一等奖。

正文讲稿

一、激趣导入

师：同学们有谁看过《十二生肖》这部电影？

学生们纷纷举手。

师：这部电影中有一个精彩的片段，就是主人公为了完美复制一个兽首，使用了一项先进的技术，你们知道是什么吗？

学生们开始思考并说出答案——3D 打印。

师：没错，3D 打印技术，那它究竟有什么神奇之处呢？同学们想一想，在我们的生活中，你关注过 3D 打印吗？你看到过 3D 打印技术还应用在哪些领域？

生：我在书上看到过，我在电视中看到过……

我知道 3D 打印可以打印出很多立体的东西，比如花瓶、玩具恐龙等等。

师：看来同学们都对 3D 打印充满了好奇，接下来，我们就一起开启 3D 打印世界的探索之旅吧！

二、介绍 3D 打印相关知识

1. 什么是 3D？

师：同学们在生活中看到过的打印机是什么样子的？它可以打印出什么呢？

生：生活中的打印机不大，有针式打印机，也有喷墨打印机，打印出来的就是一张 A4 纸。

师：你们观察得很仔细，了解得也很多，那你们知道我们平时所说的打印和 3D 打印之间的区别吗？

生：一个是平面的，另一个是立体的……

师：看来大家都找到了它们之间的区别，在我们的生活中还有很多地方使用到了 3D 技术。比如电影院里面有的电影只有一块大屏幕，它是平面的，属于 2D 电影，即只有长和宽；而 3D 电影呢，它不仅有长和宽，还有高，立体感很强，它让大家观看电影时如身临其境一般。

小知识：3D 是有长、宽、高的三维立体图形，而且在同学们学习的数学中也有立体图形，比如正方体、长方体、圆柱体等等。

2. 3D 打印技术的由来

师：我们了解了什么是 3D，那么 3D 打印技术是哪位科学家率先应用的呢？早在 1983 年，美国科学家查克·赫尔发明了液态树脂光固化 3D 打印技术，并在 1986 年开发出第一台商业 3D 打印机，他也被称为 3D 打印技术之父。现在 3D 打印技术进一步发展，3D 打印机也应运而生，功能也由原来的复杂变得简单，并逐渐给我们的生活带来更多便利。

3. 3D 打印工作原理

师：同学们有没有在平时的生活中看到过 3D 打印机是怎样工作的？

生：很少看到。

师：由于 3D 打印机在生活中并不是很常见，同学们没有直观的感受，其实它是一层一层把物体打印出来的，而且速度有快有慢。3D 打印技术必须通过计算建立数据模型，然后将 3D 打印机与计算机连接，并使用提供的金属粉末或者塑料等黏合材料，如树脂、金属粉、高分子材料等，采用逐层打印的方式来完成。每层加入特殊的胶水，然后再加入一层均匀粉末，当这些粉末与胶水迅速固化后，打印出的东西就成型了。最后把不用的粉末从模型中切割出来，进行下一次的循环利用。

三、3D 打印技术的应用

既然我们知道了 3D 打印是怎样工作的，那它在各个领域中能干些什么呢？

1. 生活领域

师：我们把预先准备好的食物材料和配料放到一个固定的容器里，然后把菜谱输入到计算机中，3D 打印就可以按照程序打印出香甜可口的食物，口味也可以根据情况自己设定。这是日本 3D 拉花咖啡，你们想吃吗？

日本 3D 拉花咖啡

生：想吃，但是不敢吃！

师：没有关系，3D 打印机打印出来的食物，同学们可以放心大胆地吃，因为这是真正的食物，对人体没有任何伤害。

师：我们再来看看这张图片，这是 3D 打印的精美衣服。

生：哇！好漂亮！

师：这些衣服都是 3D 打印机的杰作，既科技感十足，又非常漂亮，同时看上去就像一件艺术品。3D 打印机根据计

3D 打印的衣服

算机的指令，按照服装设计师设计的服装款式，利用不同的衣服材料，打印出来的各式各样五颜六色的衣服，是不是瞬间会让你变成时尚达人呢？同学们可以想象一下穿上后的感觉，可能很轻，很舒适，很潮……

2. 建筑领域

师：这张特别的图片，你们猜猜是什么？

生：这是房子，应该是打印出来的吧！

师：没错，它是房子，但它可不是一般的房子，这是我们首都北京首栋 3D 打印的别墅，据说该房屋工期只用了 45 天，有 2 层楼高，面积为 400 平方米，这项巨大的工程是怎样完成的呢？它不需要人工参与，只需要技术专家全程监督，利用特殊的钢筋混凝土结构逐层打印出来，后期

3D 打印的房屋

再由工人对它进行粉刷，最后呈现在我们面前。与众不同的是这栋房屋不是通过组合各个打印的部分才完成的，而是将房屋进行整体打印实现的，最有意思的就是这栋房屋从抗震的角度来说，还可以抵挡住八级地震。

生：好神奇！

3. 航空领域

师：神奇的还在后面呢！同学们想不想看看更厉害的？这是我们国家自行研制的火箭。随着时代的发展，我们国家对航空航天事业非常重视，目前是世界航空航天大国。为了火箭每次发射的成功，所有航天人在建造火箭方面都精益求精，其中，就对运载火箭主承力部件提出极高的使用要求。因为之前我国一直采用的是比较好的高强度钢，但是其

火箭

加工起来材料浪费大、加工时间长，而且我国在建造新型火箭上，对火箭整体重量方面有特殊要求，所以必须突破技术难关。后来工程师采用了更高强度的钛合金材料，并用 3D 打印工艺进行处理，实现火箭支座整体成型，不仅综合性能达到标准，还比原来重量减轻了 30%，为我们国家的航空航天事业做出了巨大贡献！

生：我为我们的国家感到骄傲，为 3D 打印技术点赞！

4. 医疗领域

师：接下来我们一起去看看 3D 打印技术在医疗上的应用。据说美国一个男孩因为其气管有先天性缺陷，所以他出生后呼吸困难。由于气管受到压迫，呼吸几乎每天都会突然停止。他时刻面临死亡，医生也认为该男孩已经没有任何希望了。但是让人称奇的是，某医疗机构在这个男孩的喉咙里植入了一个 3D 打印的人工气管，帮助他正常呼吸。现在这个男孩很健康，生活得很愉快。这是世界医疗史上 3D 打印人体器官并成功移植的案例之一，它让所有人感到很震撼。

当然，3D 打印还可以打印汽车、无人机、乐器等等你们想象不到的东西，不得不说未来 3D 打印技术会发展到何种程度，我们都非常期待！但是我们也要正视一个问题，那就是无论什么时候我们都要把这种技术应用在正规的渠道上，让更多人成为受益者，同时一定要摒弃一切不法企图，做更多对人类有意义的事情！同学们赞同吗？

生：赞同！

四、3D 打印技术的神奇之处

师：同学们，我们共同探索 3D 世界，发现 3D 打印技术的确很神奇，那它到底神奇在哪里呢？同学们可以 4 人一组进行分组讨论，组内每个人针对 3D 打印的神奇之处谈谈自己的想法，再请一位同学把每个人的想法汇总，最后请这位同学把组内讨论的结果分享给大家。讨论的时间限定 3 分钟，讨论结束后请各组代表进行分享。

生：可以打印的东西非常多；需要数据建模和打印材料；可以节省时间，提高效率；可以把整个物体打印出来……

师：刚才同学们通过讨论都说到了 3D 打印技术的神奇之处，讲得非常精彩，老师总结了一下，我们一起来看看！

1. 设计灵活

由于很多生活中的工具制作都有模具，它们只能在固定的模具下生产，但 3D 打印可以突破这些局限，拓展设计的空间，打印出很多传统工艺很难加工甚至根本无法加工的产品。

2. 节省成本

3D 打印可以快速地建立模型，发现问题后可以及时进行改进，不会在成品生产上浪费大量材料成本。同时，由于打印的材料非常特别，3D 打印制作出来的产品具有很好的综合性能，非常环保，制作的时间也会大大缩短。

3. 一次成型

3D 打印具备一次成型的特点，减少了大量劳动力临时组装产品，以及车辆运输的成本，不需要人工太多干预，只要设定好程序，就可以不间断地把打印任务完成。

4. 专业操作相对简单

操作 3D 打印机的专业技能比传统制造所需技能要少，这样可以催生出很多新的商业模式。在不受地域限制的情况下，人人都可以提供专业的打印服务，未来只要我们认真学习专业的建模知识和 3D 打印知识，就可以很快上手操作。

5. 体积小，便携性好

因为 3D 打印机能自由移动，方便携带，它又可以打印出比自身体积大的物品，相当大程度上提高了使用效率，降低了工作量。

6. 精准打印无误差

3D 打印产品精度高、误差小，只要建模准确，程序设定到位，打印的产品就会被完美复制。

五、激发思维，拓展延伸

师：我们今天通过这次讲堂领略了 3D 打印技术的神奇之处，那么请同学们思考一个问题：如果你现在拥有一台 3D 打印机，你想打印什么？为什么要打印它？

生：我想打印太空飞船去探索宇宙的奥秘！我想打印另一个地球，好好保护它，不让它受到人类的毁坏和污染。我想打印可以保护全人类的超级防病毒机器，让所有人都健健康康，再也不会遭受痛苦……

师：同学们说得太好了，3D 打印技术目前已经应用在我们生活当中的各个领域，它的出现推动了全世界各个行业的发展，未来它将继续发挥巨大的作用，改变我们的生活！老师相信随着科技的发展，我们的生活中会出现 4D、5D，甚至万能、超级打印技术，这些技术的提升需要未来的你们不断积累知识，不断创新，需要同学们加倍努力，用知识为科技注入新的活力。未来有无限的可能，就让我们带着更多的期待创造更加美好的明天吧！

最后老师给同学们推荐一个网址：中国 3D 打印网。希望同学们在网络资源丰富的今天，用好计算机这个学习的工具，尽可能了解更多关于 3D 打印技术的相关知识，并将学到的知识与你身边的同学、朋友分享！

信息技术案例 ②

机器人发展

授课讲师

　　宋军辉，中小学二级教师，从教 4 年，长沙市雨花区优秀教师。积极参加各级机器人比赛和创客类活动，获得国家级奖 1 项、省级奖 2 项。入选湖南省教育学会创客教育中心优秀会员。

正文讲稿

　　同学们，大家好，先跟着老师一起来欣赏几张图片，这都是在科幻电影中拯救世界的超级英雄，大家有没有发现他们都是机器人？那现实生活中的机器人是怎样的呢？是否也有这种超能力呢？这节课大家就跟着宋老师一起来走进机器人的世界。

一、机器人的定义

　　我们都是很幸运的，生活在科技飞速发展的社会，同学们对机器人应该都听过、见过。但是谁能说说到底什么是机器人呢？刚刚大家各抒己见，说得也都有道理。虽然现在机器人已经得到了广泛的运用，但机器人的定义却没有统一的标准。老师查了很多相关资料，总结了到底什么是机器人？机器人是一种自动化的机器，所不同的是这种机器具备一些与人或其他生物相似的智能，如感知能力、规划能力、动作能力和协同能力，是一种具有高度灵活性的自动化机器。它的任务是协助或取代人类工作，尤其是危险的工作。看了上面这段话，同学们对机器人的了解是不是更加清晰了呢？

二、中国古代机器人

接下来，我们一起来学习机器人的发展史，从刚刚我们了解的机器人定义，同学们觉得机器人大概是在什么时候开始出现的？

其实机器人在我国已经存在几千年了。早在西周时代，我国古代就出现了能歌善舞的木偶，称为"倡者"，这可能是世界上最早的"机器人"了。春秋时代，被称为木匠祖师爷的鲁班，利用竹子和木料制造出一个木鸟，它能在空中飞行，"三日不下"。这件事在古书《墨经》中有所记载，这可称得上世界上第一个空中机器人。东汉时期，我国大科学家张衡，不仅发明了震惊世界的"候风地动仪"，还发明了测量路程用的"记里鼓车"，车上装有木人、鼓和钟，每走1里，击鼓1次，每走10里击钟一次，奇妙无比。三国时期，诸葛亮既是一位军事家，又是一位发明家。他成功地创造出"木牛流马"，可以运送军用物资，是最早的陆地军用机器人。

同学们是不是也在感叹我国古代时期人们超群的智慧和创造力？这些伟大的发明印证了我国五千年璀璨的历史文化，也为后代奠定了自强不息、敢于创新的思想精神。

三、机器人在各领域的应用

近代，随着第一次、第二次工业革命的发展，各种机械装置的发明与应用，世界上出现了各种各样的"机器人"。

1. 工业机器人

经过这么多年的发展，现代的机器人已经出现在各个领域。工业机器人是面向工业领域的多关节机械手或多自由度的机器装置，它能自动执行工作，是靠自身动力和控制能力来实现各种功能的一种机器。研制机器人的最初目的是帮助人们摆脱繁重劳动或简单的重复劳动，以及替代人到有辐射等危险环境中作业，因而机器人最早在汽车制造业和核工业领域得以应用。现在很多工厂流水线都用这种工业机器人去代替人力，大大提升了工作效率。

2. 医疗机器人

医疗机器人是多学科研究和发展的成果，是指被应用在诊断、治疗、康复、护理和功能辅助等诸多医学领域的机器人。在新冠疫情期间，面对不断增加的确诊人数，医护工作人员人手紧张、压力巨大。在这种情况下，医疗机器人也在为医护人员减轻工作任务。

3. 军事机器人

接下来，我们来了解军事领域的机器人。从物资运输到搜寻勘探以及实战进攻，军用机器人的使用范围非常广泛。提到机器人，人们会想到工业生产流水线上的焊接机器人、喷漆机器人以及其他服务性的机器人，但大多数人很少了解军事作战使用的机器人。波士顿动力公司相继研发出能够直立行走的军事机器人 Atlas 以及四足全地形机器人"大狗""机器猫"等，让人叹为观止。

4. 航天机器人

在航天航空领域，也有机器人在完成相应的高风险工作。首台人形机器人被送入国际空间站，这位机器宇航员被命名为"R2"。R2 活动范围接近于人类，并且可以像宇航员一样执行一些比较危险的任务。

四、我国制造的机器人

那么我们国家的机器人发展水平如何呢？我国已在"七五"计划中把机器人列入国家重点科研规划内容，国家拨巨款在沈阳建立了全国第一个机器人研究示范工程，全面展开了机器人基础理论与基础元器件研究。几十年来，我国相继研制出示教再现型的搬运、点焊、弧焊、喷漆、装配等门类齐全的工业机器人及水下作业、军用和特种机器人。1986 年 3 月开始的国家高技术研究发展计划（863 计划）已列出研究、开发智能机器人的内容。

1. 工业机械臂

中国工业机器人已成为全球第一大应用市场。目前，我国国产工业机器人主要用于搬运与上下料等技术壁垒较低的领域，占比超过 60%。在国家政策的大力支持下，我国工业型机器人开始进入高精密零部件加工及汽车制造领域。相信在不久的未来，我国发明的工业机器人能进入到更多领域。

2. 优友

第十三届全运会和津娃一起点火的智能机器人，名叫"优友"，它是国内第一个可量产的大型服务机器人产品；身高 1.28 米，重 60 千克，外形与电影中的机器战警类似，外壳采用白色环保 ABS 材料，腿部采用轮式驱动，双手五指俱全，每根指头可以独立运动，手臂各具有 10 个自由度，能展示多种姿态。

3. 佳佳

"佳佳"是中国科学技术大学研发的第三代特有体验交互机器人，诞生于 2016 年 4 月；身高 1.6 米，肤白貌美，五官精致，初步具备了人机对话理解、面部微表情、口型及躯体动作匹配、大范围动态环境自主定位导航等功能。研发人员还赋予了其善良、勤恳、智慧的品格。

五、未来机器人发展趋势

机器人未来必将向拟人化、智能化发展。目前，机器人关键技术日臻成熟，应用范围迅速扩展。随着科技的进步，快速发展的人工智能（AI）技术已经开始改变世界，AI 能做到的事情越来越多，它使我们的生活更加智能化和现代化，当然也会取代人类更多的工作岗位。希望同学们能从小立志，发奋图强，将来成为未来机器人领域的核心力量，为我们国家在高新技术领域奉献自己的知识和力量。

后　记

　　砂子塘小学的"学科文化大讲堂"开讲距今已有 12 年了。古人说十年磨一剑，意思是在一件事情上所花的时间很多，所下的功夫很深。还有一位教育专家也说过，衡量一所学校管理的深度，你只要看看他们在哪些事情上面坚持了有十年之久。

　　而对于我们每一个砂小人来说，自主自发把一门课程从无到有地建立起来，并且坚持十年之久，这本身就是一件值得认可的事情。因为在这 12 年当中，没有任何的考评与竞赛来要求我们、管理我们、评价我们，我们的坚守完全是出于对学生成长需求的考量，对学校特色课程发展的考量，以及对深入钻研一个课题的责任的考量。

　　当然，在这 12 年间，我们也不断收到很多美好的回馈，比如学生对大讲堂的喜爱，老师在开发和研究大讲堂当中的孜孜以求的态度，以及我们的大讲堂由本校辐射到其他各个学校以及各种教学专业平台所带来的优良反馈，还有大讲堂在对家长开放时收获的大量好评。

　　我们的研究日渐成熟的时候，也生发出了一个新的课题，并且获得了省级的奖项。同时，大讲堂作为学校三种课堂的重要组成部分和特色部分，在学校建设及评定省级课改样板校的过程当中发挥了极其重要的作用，显示了其独特的价值。12年持续全学科研发大讲堂，我们已经收获了 300 多节讲堂，并且编撰了大讲堂读本6 册，收纳了 100 多节精品讲堂。

　　我们的研究是否就此止步？从教学的需求来说，将已有的课例编制到六个年级的校本课程中，数量已经足够，但是基于拓宽学生视野、激发探究兴趣的目的，讲堂的资源是可以无限丰富的，讲堂的研讨也是可以不断深化的。因此，我们的讲堂开发依然在进行。

我们的研究是否就这样沿着既定的轨道走下去呢？开发课例、打磨提升、巡讲推广，这样走下去，我们获得的将会是量的丰富、面的拓展，也能逐步获得一些理性的认识。但是我们无法获得对于课程的本质认识，无法得出课程开发与应用的科学方法，无法形成可推广、可复制的模式。尤其是作为湖南省首批认定的省级课改样板校，我们如何担当起课程改革引领与辐射的重任？一想到这样的使命，我们在欣欣然的同时又倍感压力。

对于一线教师来说，在实践中摸索是比构建理论容易得多的事情。因此，12年以来，除做课题之外，我们做得最多的事情就是大量的实践。而对于校本课程如何构建、生长、形成模式借以推广，我们思考得不够深入、不够专业、不够理性。

非常有幸的是我们得到了专家的支持，他们引领我们将大讲堂研究从实践向课程研发的理论高度攀升。因此，这本《基于学生成长需求的校本课程开发及应用》应运而生。本书不仅收录了各个学科的经典讲堂以及学科点评，最重要的是帮助我们厘清了学校特色课程建设对于学生成长需求的重要意义。

我们痴迷于学生的成长，也清醒地认识到，只有满足了孩子的成长需求，才能够把握他们成长的契机，做基于生命的真正的教育。因此，我们一直在实践中反思，坚持把我们对孩子的成长教育和我们的校本课程建设真正有效地连接起来。我们知道，成长教育是我们学校办学的意义所在，而校本课程是我们重要的抓手和依托。这两者之间的关系，不仅仅是对于我校而言，对于任何一所学校而言都是指向为什么和怎么做的核心问题。因此，厘清这两者的关系，我们才能精准地定位和发力。

今天，我们在专家的引领下，依靠团队的力量，终于把我们的研究成果以学校专著的形式出版，这是我们大讲堂研究史上的一个新的里程碑，也将为我们持续研究带来新的动力。这对我们团队来说是一件欢欣鼓舞的事情。在我们团队的第一次编书培训会上，书记一开讲就哽咽了，她说十年磨一剑，我们的大讲堂终于可以闪亮出鞘了。虽然我们知道在编写专著这件事情上，还将面临许多新的挑战，但是为自己的理念和实践著书立说这样一个精彩的蓝图在前方指引着我们，我们激情满满。

书本的创作对我们来说也是重要的学习，虽然我们有丰富的案例，但是如何在一本书当中呈现全面、经典而又规范的课例，我们还需要反复打磨；同时，如何突破自身理论的局限，尽己所能地向专业化、理性化、科学化的高度攀升，我们需要埋头苦干，啃下理论这块硬骨头；还有，对于图书出版，我们是全然陌生的，老师们的一句表述、一个标点、一张配图，都需要经过专业地审视和反复地修改……

因此，这是我们的一次学习加速度。我们相信，不惧困难，不怕挑战，一点一点学，一步一步改，总能达到要求。对于大讲堂，我们最开始不也是完全不会吗？有了大讲堂的摸索，今天的著书立说也就没有那样缩手缩脚了。可以说，探索的勇气和实践的经验是大讲堂带给我们的另外一种收获。

经此，我们发现，所有的成长都是在摸索、实践、学习与反思当中螺旋上升的，这应该成为我们管理者和老师们的一种信念。

感谢我们这个团队12年以来的坚守。感谢这12年中所有帮助和指导我们的专家、学者和同行；感谢所有奉献出大讲堂课例的老师们；感谢在这一次图书出版当中鼓起勇气向前一步、攀升新高度的所有砂小人。

"宝剑锋从磨砺出"，磨，是时间的累积，也是心血的沉淀，还是专业的锻造。磨出光彩，磨出力道，也磨出了人的思想和意志。愿这份物化的成果以及与之相伴的精神财富成为激励我们继续前行的力量！

王艳萍

2020 年 6 月 30 日

参考文献

[1] 孟毅，祝健群. 信息化环境下的小学成长教育 [M]. 北京：北京师范大学出版社，2012.

[2] 徐玉珍. 校本课程开发的理论与案例 [M]. 北京：人民教育出版社，2003.

[3] 刘畅，司学娟. 满足不同学生需求的教育策略 [M]. 北京：教育科学出版社，2013.

[4] 吴非晓. 论课前进行需求分析的必要性 [J]. 吉林教育科学，2001 (2)：54，56.

[5] 李家成. 关注教学中的学生成长需要 [J]. 教育科学研究，2005 (12)：14-16.

[6] 肖颜. 学生成长需要研究综述 [D]. 武汉：华中师范大学，2013.

[7] 李介. 国外校本课程开发模式带给我们的启示 [J]. 教育理论与实践，2010 (9)：18-20.

[8] 田海燕. 校本课程开发中的学生学习需求分析 [D]. 北京：首都师范大学，2004.

[9] 吴刚平. 校本课程开发 [M]. 成都：四川教育出版社，2002.

[10] 李臣之. 校本课程开发 [M]. 北京：北京师范大学出版社，2015.

[11] 高慎英. 小学校本课程开发 [M]. 北京：高等教育出版社，2007.

[12] 丁增光. 小学校本课程开发个案研究 [D]. 海口：海南师范大学，2012.

[13] 张露. 小学校本化课程体系构建的实践研究 [D]. 重庆：西南大

学，2017.

[14] 郑志生. 区域推进学校特色发展的行动研究 [D]. 长春：东北师范大学，2018.

[15] 王溢泽，郭云飞，王帝昭. 基于核心素养的特色校本课程构建 [J]. 教学与管理，2019（30）：51-53.

[16] 王笑地，殷世东. 新中国校本课程建设 70 年的回顾与反思 [J]. 山西大学报，2020，47（2）：95-102.

[17] 张娜，马志颖. 从素质教育到核心素养：我国校本课程开发理念的演进 [J]. 现代教育科学，2019（12）：132-136.

[18] 王雯雯. 老师参与校本课程评价的价值、困境及对策 [J]. 教学与管理，2020（6）：19-22.

[19] 左汉中. 中国民间美术造型 [M]. 长沙：湖南美术出版社，1992.

[20] 王平. 中国民间美术通论 [M]. 合肥：中国科学技术大学出版社，2007.

[21] 王连海. 中国民间玩具简史 [M]. 北京：北京工艺美术出版社，1991.

[22] 王连海. 民间玩具 [M]. 武汉：湖北美术出版社，2000.

[23] 尹少淳. 走进文化的美术课程 [M]. 重庆：西南大学出版社，2006.

[24] 教育部. 语文：三年级：上册 [M]. 北京：人民教育出版社，2003.

[25] 郭锦鸿. 智能机器人在各领域应用及未来展望 [J]. 电子世界，2018（19）：97-98.

[26] 郭锦鸿. 中国古代机器人 [J]. 当代矿工，1999（4）：14.

[27] 老舍. 四世同堂：精华本 [M]. 天津：天津人民出版社，2011.

[28] 袁华. 传统屋脊上的文化浅析 [J]. 浙江工商职业技术学院学报，2006，5（3）：35-37.

[29] 周振甫.《诗经》译注 [M]. 南京：江苏教育出版社，2006.

[30] 余冠英. 诗经选译 [M]. 北京：人民文学出版社，1985.

[31] 朱熹. 诗集传 [M]. 上海：上海古籍出版社，1980.

［32］李士奇.《诗经·关雎》的多角度审美赏析［J］. 安徽文学，2009（9）：186-187.

［33］张玲.《诗经·采薇》内蕴解读［J］. 文学教育，2011（10）：99-100.

［34］沈书枝. 缠绵悱恻的归乡路：诗经《采薇》篇赏析［J］. 新高考（高一版），2009（10）：4.

［35］黄品泉. 谈谈《诗经》中的成语［J］. 语文教学与研究，1999（6）：2.

［36］王喜军.《诗经》中的成语浅析［J］. 神州，2013（27）：154.

［37］卡佳坦·波斯基特. 数字：破解万物的钥匙［M］. 张乐，译. 北京：北京少年儿童出版社，2010.

［38］佚名. 英式下午茶的前世今生［N］. 21世纪英文报（双语阅读版），2013-05-14.

［39］罗军. 中国茶密码［M］. 北京：生活·读书·新知三联书店，2016.

［40］姜岱宗. 剑胆诗魂：辛弃疾［M］. 北京：人民文学出版社，2002.

［41］余秋雨. 山居笔记［M］. 上海：文汇出版社，1998.

［42］江堤，彭爱学. 岳麓书院［M］. 长沙：湖南文艺出版社，1995.

［43］陈谷嘉. 岳麓书院名人传［M］. 长沙：湖南大学出版社，2016.

［44］吴如皓，林寿福，庄惟栋. 惊人的数学魔术［M］. 台湾：如何出版社，2016.

［45］姚鸿恩. 体育保健学［M］. 4版. 北京：高等教育出版社，2006.